Braukmann/Schieder

Standardfälle Schuldrecht

3. Auflage 2008

ISBN 978-3-86724-002-4

3. Auflage 2008

© 2008 Niederle Media

Bezug über den Buchhandel oder direkt vom Verlag
Niederle Media
48341 Altenberge
Fax (02505) 93 98 99
E-Mail: info@niederle-media.de
www.niederle-media.de

Druck:

▶ Inhalt

▶ Standardfälle Schuldrecht

▶ Vorwort der Autoren

Die „Standardfälle Schuldrecht" sind eine Sammlung von Fällen, die teilweise als Besprechungsfälle für entsprechende Begleitkolleg-Veranstaltungen entstanden, teilweise aber auch original als Klausuren gelaufen sind. Bei Besprechungen und in den Korrekturen zutage getretene Schwierigkeiten der Studierenden haben, namentlich in Gestalt der vielfach eingeschalteten Hinweise, Eingang in die Lösungen gefunden, um zur Fehlervermeidung beizutragen.

Ziel dieses Skriptes ist es, anhand ausgewählter Standard-konstellationen die wichtigsten **Grundzüge des Schuldrechts** darzustellen und punktuell auch zu vertiefen. Ein systematisches Lehrbuch und den Besuch einer Vorlesung kann und will es nicht ersetzen, sondern sinnvoll ergänzen.

Die Fälle wurden so ausgewählt und zusammengestellt, daß die immer wiederkehrenden Grundlagen des Schuldrechts in verschiedenen Fallgestaltungen erarbeitet bzw. wiederholt werden können. Die **klausurorientierte Darstellung** ermöglicht es dabei, sich zugleich auch **Fallösungstechnik** sowie **juristischen Argumentations- und Formulierungsstil** anzueignen. Die gute Klausur zeichnet sich nämlich nicht durch die schablonenartige Verwendung auswendig gelernter Schemata, sondern durch Verständnis und juristische Argumentation aus. Dabei kommt es auch weniger auf möglichst viel Detailwissen als vielmehr auf eine sichere Beherrschung der Grundlagen an. Zu deren Aneignung oder Wiederholung möchte dieses Skript einen Beitrag leisten.

Göttingen, im Herbst 2007,

Michael Braukmann & Christian Schieder

▶ Unsere 📖 Skripten 📑 Karteikarten 🎧 Hörbücher (Audio-CDs)

Zivilrecht (je 6,60 €*)
- Standardfälle für Anfänger
- Standardfälle für Fortgeschrittene (7,90 €)
- Standardfälle Schuldrecht
- Standardfälle Ges. Schuldverh. (§§ 677, 812, 823)
- Standardfälle Sachenrecht
- Standardfälle Familien- und Erbrecht
- Originalklausuren Übung für Fortgeschrittene
- Basiswissen BGB (AT) (Frage-Antwort)
- Basiswissen BGB (BT) – KaufR, WerkvR (Frage-Antwort)
- Einführung in das Bürgerliche Recht
- BGB (AT) (9,90 €)
- Schuldrecht (AT) (9,90 €)
- Schuldrecht (BT) 1 - §§ 437, 536, 634, 670 ff.
- Schuldrecht (BT) 2 - §§ 812, 823, 765 ff.
- Sachenrecht 1 – Bewegliche Sachen
- Sachenrecht 2 – Unbewegliche Sachen
- Familienrecht
- Erbrecht
- Streitfragen Schuldrecht
- 🎧 Definitionen für die Zivilrechtsklausur (9,90 €)

Strafrecht (je 6,60 €*)
- Standardfälle für Anfänger Band 1 (7,90 €)
- Standardfälle für Anfänger Band 2
- Standardfälle für Fortgeschrittene (8,90 €)
- Basiswissen Strafrecht (AT) (Frage-Antwort)
- Strafrecht (AT)
- Strafrecht (BT) 1 – Vermögensdelikte (7,90 €)
- Strafrecht (BT) 2 – Nichtvermögensdelikte (7,90 €)
- Jugendstrafrecht/Strafvollzug/Kriminologie
- 🎧 Definitionen für die Strafrechtsklausur

Öffentliches Recht (je 6,60 €*)
- Standardfälle Staatsrecht I – StaatsorgaR (7,90 €)
- Standardfälle Staatsrecht II – Grundrechte (7,90 €)
- Standardfälle für Anfänger (StaatsorgaR u. Grundrechte)
- Standardfälle Verwaltungsrecht (AT) (7,90 €)
- Standardfälle Verwaltungsrecht für Fortgeschrittene
- Standardfälle Baurecht (7,90 €)
- Standardfälle Europarecht (7,90 €)
- 🎧 Basiswissen Staatsrecht I – StaatsorgaR (Frage-Antw.)
- 🎧 Basiswissen Staatsrecht II – GrundR (Frage-Antw.)
- Basiswissen Verwaltungsrecht AT– (Frage-Antwort)
- Staatsorganisationsrecht (9,90 €)
- Grundrechte (9,90 €)
- Staatshaftungsrecht (7,90 €)
- Verwaltungsrecht (AT) 1 - VwVfG
- Verwaltungsrecht (AT) 2 – VwGO
- Verwaltungsrecht (BT) 1 – POR (7,90 €)
- Verwaltungsrecht (BT) 2 – Baurecht
- Verwaltungsrecht (BT) 3 – Umweltrecht
- 🎧 Grundriss Europarecht (9,90 €)
- Definitionen Öffentliches Recht (8,90 €)

Steuerrecht (je 6,60 €*)
- Abgabenordnung (AO)
- Einkommensteuerrecht (EStG) (7,90 €)
- Umsatzsteuerrecht (UStG) (7,90 €)
- Erbschaftsteuerrecht: erscheint ca. April 2008!
- Steuerstrafrecht/Verfahren/Steuerhaftung (7,90 €)

Sozialrecht (je 6,60 €*)
- Kinder- und Jugendhilferecht
- Sozpäd. Diagn.: SPFH & ambul. Hilfen d. KJH
- Sozialrecht

Nebengebiete (je 6,60 €*)
- Standardfälle Handels- & GesellschaftsR
- Standardfälle Arbeitsrecht (7,90 €)
- Basiswissen Handelsrecht (Frage-Antwort)
- Basiswissen Gesellschaftsrecht (Frage-Antw.)
- Basiswissen ZPO (Frage-Antwort) (7,90 €)
- Handelsrecht
- Gesellschaftsrecht
- Arbeitsrecht (7,90 €)
- Kollektives Arbeitsrecht (7,90 €)
- ZPO I – Erkenntnisverfahren (7,90 €)
- ZPO II – Zwangsvollstreckung
- Strafprozessordnung – StPO
- Internationales Privatrecht – IPR (7,90 €)
- Insolvenzrecht
- Gewerbl. Rechtsschutz/Urheberrecht (7,90 €)
- Wettbewerbsrecht (7,90 €)
- 500 Spezial-Tipps f. Juristen (10,90 €)
- Mediation (7,90 €)

Karteikarten (je 8,90 €)
- 📑 Grundlagen des Zivilrechts
- 📑 Streitfragen Strafrecht
- 📑 Strafrecht (BT) 1 - Vermögensdelikte
- 📑 Strafrecht (BT) 2 – Nichtvermögensdelikte

Assessorexamen (je 6,60 €*)
- Die Relationstechnik
- Der Aktenvortrag im Strafrecht
- Der Aktenvortrag im Wahlfach Strafrecht
- Der Aktenvortrag im Zivilrecht
- Der Aktenvortrag im Öffentlichen Recht
- Urteilsklausuren Zivilrecht
- Anwaltsklausuren Zivilrecht
- Staatsanwalt. Sitzungsdienst & Plädoyer
- Die strafrechtliche Assessorklausur
- Die öff.-rechtl. Assessorklausur Bd.1 (7,90 €)
- Die öff.-rechtl. Assessorklausur Bd.2
- Zwangsvollstreckungsklausuren
- Vertragsgestaltung in der Anwaltsstation

BWL & VWL (je 6,60 €*)
- Einführung in die Betriebswirtschaftslehre
- Einführung in die Volkswirtschaftslehre
- Ratg. „500 Spezial-Tipps für BWLer"
- Rechnungswesen
- Marketing
- Organisationsgestaltung & -entwickl. (7,90 €)
- Internationales Management
- Unternehmensführung
- Wie gelingt meine wiss. Abschlussarbeit?
- Ratgeber Assessment Center

Schemata (9,90 €)
- Die wichtigsten Schemata ZivR, StrafR, ÖR

---

* 6,60 Euro, soweit nicht ein anderer Preis in ( ) angegeben ist! Irrtümer/Änd. vorbehalten!

🎧 bedeutet: auch als **Hörbuch** (Audio-CD) lieferbar (7,90 €)

Im **niederle-shop.de** bestellte Artikel treffen idR *nach 1-2 Werktagen* ein!

Fall 1: Rutschiges Geschäft

▸ **Thema:** Schuldrecht AT, Culpa in contrahendo

Um sich über die Eigenschaften eines auf dem Markt neu erschienenen MP3-Players der Marke „Trakstore" zu informieren, begibt sich der technikbegeisterte Tacitus (T) in das kleine Elektronikgeschäft des Euklid (E). Die bei E angestellte Putzfrau (P) war kurz zuvor damit beschäftigt, den Boden zu wischen. Um diese für sie stets lästige und zeitraubende Putzarbeit zu beschleunigen, hat P im Gegensatz zu ihrer bisherigen Vorgehensweise dieses eine Mal auf das Abziehen des Wischwassers verzichtet, so daß sich in den Gängen vereinzelt ein glatter Wasserfilm gebildet hat. Als T zu den Regalen mit den MP3-Playern geht, rutscht er aus und fällt derart unglücklich auf seinen Arm, daß er sich diesen dabei bricht. T verlangt von E Schadensersatz für die Behandlungskosten. E weist das Ersuchen des T mit dem Argument zurück, daß nicht er, sondern P gehandelt hat.
Kann T von E Schadensersatz verlangen?

I. Anspruch des T gegen E aus §§ 280 I, 311 II Nr. 2, 241 II
1. Vorvertragliches Schuldverhältnis i.S.d. § 311 II Nr. 2
2. Verletzung einer Pflicht i.S.d. § 241 II
3. Verschulden, § 280 I 2
4. Schaden, § 249 ff.
5. Ergebnis: Anspruch des T gegen E aus §§ 280 I, 311 II Nr. 2, 241 II (+)

II. Anspruch des T gegen E aus § 831 I
1. Verrichtungsgehilfe
2. Widerrechtliche Schädigung eines Dritten
3. In Ausführung der Verrichtung
4. Ausschluß der Ersatzpflicht gem. § 831 I 2
5. Ergebnis: Anspruch des T gegen E aus § 831 I (-)

I. Anspruch des T aus §§ 280 I, 311 II Nr. 2, 241 II BGB[1]

T könnte gegen E einen Anspruch aus §§ 280 I, 311 II Nr. 2, 241 II auf Schadensersatz haben.

1. Das bereits vor der Schuldrechtsreform vom 01.01.2002 gewohnheitsrechtlich anerkannte Rechtsinstitut der *culpa in contrahendo* ist nunmehr kodifiziert. Nach § 311 II kann ein Schuldverhältnis mit Pflichten nach § 241 II auch schon im vorvertraglichen Stadium entstehen. Voraussetzung ist die **Entstehung eines vorvertraglichen Schuldverhältnisses** i.S.d. § 311 II. Diese Norm gibt in ihren drei Katalognummern Möglichkeiten vor, die geeignet sind, Schuldverhältnisse im vorvertraglichen Bereich entstehen zu lassen. Dabei ist deutlich die Systematik der Vorschrift erkennbar, den Anwendungsbereich von einem engen Tatbestand (Aufnahme von Vertragsverhandlungen) bis hin zu einem weiten Tatbestand (ähnliche geschäftliche Kontakte) zu bestimmen.

Im vorliegenden Fall ist es offensichtlich noch nicht zur Aufnahme von Vertragsverhandlungen mit E oder dort angestellten Verkäufern gekommen, so daß ein vorvertragliches Schuldverhältnis nicht über § 311 II Nr. 1 begründet worden ist. Jedoch hat T sich in die Geschäftsräume des E begeben, um sich über die Eigenschaften des von E angebotenen MP3-Players zu informieren. Er hat folglich dem E die Möglichkeit zur Einwirkung auf seine Rechte, Rechtsgüter und Interessen gewährt, § 311 II Nr. 2.

---

[1] Alle folgenden Paragraphen ohne gesonderte Gesetzesangabe sind solche des BGB.

> **Beachte:** Ob es letztlich zu einem Vertrag kommt, ist gerade für die Begründung eines (vorvertraglichen) Schuldverhältnisses irrelevant. Es genügt, daß ein Unternehmer sein Geschäft für den allgemeinen Kundenverkehr öffnet, um potentiellen Kunden die Gelegenheit der Kontaktaufnahme zum Zwecke eines Vertragsschlusses zu geben[2].

Ein vorvertragliches Schuldverhältnis ist demnach gemäß § 311 II Nr. 2 zwischen T und E entstanden.

2. E müßte eine aus diesem vorvertraglichen Schuldverhältnis resultierende Pflicht verletzt haben, §§ 311 II i.V.m. 241 II. Die nicht leistungsbezogenen Pflichten gemäß § 241 II zeichnen sich im Gegensatz zu den leistungsbezogenen Pflichten (§ 241 I) gerade dadurch aus, daß der Verpflichtete Rücksicht auf die Rechte, Rechtsgüter oder Interessen des anderen Teils zu nehmen hat. Wer sein Geschäft dem allgemeinen Kundenverkehr öffnet, hat seinen Kunden gegenüber insbesondere Schutz- und Obhutspflichten, mithin Verkehrssicherungspflichten, um einen sicheren Ablauf des Geschäftskontaktes zu gewährleisten. Die Pflichtverletzung durch E ist bereits dadurch eingetreten, daß sich der Boden seines Geschäfts durch das Nichtabtragen des Wischwassers zu den Öffnungszeiten in einem nicht verkehrssicheren Zustand befand.

3. Für die Bejahung eines Schadensersatzanspruchs muß der Schuldner die Pflichtverletzung auch zu vertreten haben, § 280 I 2.

> **Hinweis:** § 280 I 2 beinhaltet eine praktisch sehr relevante **Beweislastumkehr**. Durch die negative Formulierung *„Dies gilt nicht, wenn..."* wird deutlich, daß der Anspruchsteller dieses Tatbestandsmerkmal nicht zu beweisen hat, sondern daß sich gerade der Schuldner exkulpieren muß.

---

[2] Vgl. Jauernig/Stadler, § 311 Rn. 44.

10

Bei dem Vertretenmüssen bzw. der Exkulpationsmöglichkeit gilt der Maßstab des § 276, nach dessen Formulierung der Schuldner Vorsatz und grundsätzlich jede Form der Fahrlässigkeit zu vertreten hat, § 276 I 1, 1. HS.

Hier hat E jedoch nicht selbst den Boden gewischt, sondern seine Putzkraft P. Gemäß § 278 könnte dem E aber das Handeln der P zugerechnet werden mit der Konsequenz, daß er für fremdes Verschulden haften würde. Voraussetzung für eine Verantwortlichkeit des E ist jedoch, daß P dessen **Erfüllungsgehilfin**, d.h. eine Person ist, derer er sich zur Erfüllung seiner eigenen Verbindlichkeiten bedient, § 278 S.1[3]. P müßte demnach mit Willen des E in dessen Pflichtenkreis, zu dem sowohl Hauptleistungspflichten als auch Nebenleistungspflichten gehören, tätig geworden sein.

E hat als Inhaber seines Geschäfts, das potentiellen Kunden zum Zwecke der Vertragsanbahnung geöffnet ist, die Pflicht, den Boden in einem verkehrssicheren Zustand zu erhalten bzw. in einen solchen zu bringen. Zur Erfüllung dieser Pflicht hat er die P angestellt, die deswegen auch mit seinem Willen tätig geworden ist. Sie ist folglich seine Erfüllungsgehilfin. Somit hätte E ein etwaiges Verschulden der P wie sein eigenes zu vertreten.

P hat hier aus Gründen der Arbeitsbeschleunigung auf das Abziehen des Wischwassers verzichtet, so daß sich ein glatter Wasserfilm auf dem Boden gebildet hat. Hinsichtlich des Verschuldensmaßstabes i.S.d. § 276 ist ihr hier eindeutig ein Fahrlässigkeitsvorwurf zu machen. Nach § 276 II handelt nämlich derjenige fahrlässig, der die im Verkehr erforderliche Sorgfalt außer acht läßt. P hat laut Sachverhalt nicht mit der erforderlichen Sorgfalt den Boden gereinigt. Dabei ist gleichgültig, ob der Vorwurf sich mehr auf die insgesamt ordnungswidrige Bodenreinigung bezieht oder eher auf das Unterlassen des Abziehens des Wischwassers.

---

[3] Siehe zum Begriff des Erfüllungsgehilfen MünchKomm/Grundmann, § 278 Rn. 20 ff. und die dort nachgewiesene Rechtsprechung.

Beide Modalitäten lassen den Fahrlässigkeitsvorwurf entstehen, wobei insbesondere beim Abstellen auf eine Unterlassung die erforderliche Pflicht zum Handeln in der Pflicht zur Herstellung der Verkehrssicherheit liegt. Diesen Fahrlässigkeitsvorwurf muß E gegen sich gelten lassen, so daß er gemäß §§ 276, 278 für fremdes Verschulden haftet.

4. Schaden, §§ 249 ff.: Durch den aufgrund der schuldhaften Pflichtverletzung hervorgerufenen Sturz hat sich T den Arm gebrochen und dementsprechend einen Schaden an seinen Rechtsgütern erlitten. Die Berechnung des Schadens als unfreiwillige Einbuße wird grundsätzlich durch einen Vergleich der jetzigen Vermögenslage mit der (hypothetischen) Lage vorgenommen, die bestünde, wenn das schadensbringende Ereignis nicht eingetreten wäre, § 249 I. T kann daher insbesondere Schadenspositionen wie Behandlungskosten und Verdienstausfall ersetzt verlangen.

5. Ergebnis: T kann von E seinen erlittenen Schaden gemäß §§ 280 I, 311 II Nr. 2, 249 ff. ersetzt verlangen und hat gemäß § 253 II überdies einen Anspruch auf ein angemessenes Schmerzensgeld.

II. Anspruch des T gegen E aus § 831 I

Darüber hinaus könnte T gegen E noch einen Schadensersatzanspruch aus dem Deliktsrecht haben, das gerade unabhängig vom Bestehen schuldrechtlicher Beziehungen eine Schadensersatzpflicht aufgrund unerlaubten Eingriffs in fremde Rechtsgüter auslösen kann. Da E hier offensichtlich nicht selbst gehandelt hat, scheidet eine Prüfung des § 823 I von vornherein aus. Eine mögliche Haftung für das Verhalten eines Dritten kennt aber auch das Deliktsrecht im § 831 I.

1. Eine Haftung ist allerdings nur unter der Voraussetzung gegeben, daß dem Dritten ein Schaden durch einen vom Anspruchsgegner zu einer Verrichtung bestellten Gehilfen in Ausführung der Verrichtung zugefügt worden ist, § 831 I.

P müßte demnach Verrichtungsgehilfin des E gewesen sein. Verrichtungsgehilfe ist derjenige, dem vom Geschäftsherrn eine Tätigkeit übertragen worden ist, die er weisungsabhängig auszuführen hat[4].

Hinweis: Der *Erfüllungsgehilfe* i.S.d. § 278 ist gerade nicht durch ein soziales Abhängigkeitsverhältnis und durch eine Weisungsgebundenheit gekennzeichnet. Erfüllungsgehilfe kann z.B. ein selbständiger Unternehmer sein.

P ist als Putzkraft bei E angestellt, deren Tätigkeit seinem Einfluß unterliegt. Sie ist unproblematisch als seine Verrichtungsgehilfin anzusehen.

2. § 831 I setzt die widerrechtliche Schädigung durch den Verrichtungsgehilfen voraus. P müßte folglich selbst den objektiven Tatbestand einer unerlaubten Handlung i.S.d. §§ 823 ff. erfüllt haben.

Hier hat P den Körper des T durch die mangelhafte Bodenreinigung rechtswidrig verletzt und dadurch einen Schaden verursacht, § 823 I. Ein Verschulden der P ist für die Bejahung der Haftung des E gerade nicht erforderlich, da § 831 I eine Haftung für (vermutetes) eigenes Verschulden des E und keine Haftung für fremdes Verschulden begründet[5].

3. Der Geschäftsherr ist nur in den Fällen haftbar, in welchen der Verrichtungsgehilfe die widerrechtliche Schädigung dem Dritten **in Ausführung der Verrichtung** zufügt.

---

[4] Vgl. aus der ständigen Rechtsprechung nur BGHZ 45, 311 (313).
[5] Wenn die Fallfrage dahin geht, daß ein Anspruch des T gegen P zu prüfen ist, ist selbstverständlich ein Verschulden der P zu prüfen. In der Praxis wird sich der Geschädigte jedoch regelmäßig an den solventeren Anspruchsgegner halten.

Damit sollen Schädigungen ausgeschlossen werden, die nur *bei Gelegenheit* der Verrichtung erfolgt sind. Erforderlich ist somit ein innerer Zusammenhang zwischen der übertragenen Verrichtung und der Schadensherbeiführung[6]. P hat hier im Rahmen ihrer weisungsabhängigen Putzarbeit den Schaden des T verursacht.

4. Da § 831 I eine Haftung für (vermutetes) eigenes Verschulden normiert, kann sich der Geschäftsherr unter bestimmten Voraussetzungen der Haftung entziehen. § 831 I 2 enthält einen Ausschluß der Ersatzpflicht u.a. für den Fall, daß der Geschäftsherr bei der Auswahl der zur Verrichtung bestellten Person die im Verkehr erforderliche Sorgfalt beachtet hat. Die **grundsätzliche Verschuldensvermutung** des § 831 I kann der Geschäftsherr folglich durch eine erfolgreiche **Exkulpation** widerlegen.

Laut Sachverhalt hat P im Gegensatz zu ihrer sonst üblichen Vorgehensweise den Boden aufgrund des rechtlich nicht relevanten Motivs der Arbeitsbeschleunigung mangelhaft gereinigt. Dem E kann somit ein Entlastungsbeweis dergestalt gelingen, daß er die sonst tadellose Arbeit der P für sein Geschäft herausstellt und sich somit für diese singulär aufgetretene Fehlleistung der P erfolgreich exkulpiert, § 831 I 2.

Hinweis: An dieser Stelle zeigt sich gerade das in Wissenschaft und Rechtsprechung motivierte Interesse, die Zurechnungsnorm des § 278 in ihrem Anwendungsbereich zu erweitern. Voraussetzung für die Anwendung des § 278 ist allerdings das Bestehen eines Schuldverhältnisses, das gerade im Deliktsrecht nicht vorliegt. Dies machte u.a. den Weg frei für die Konstruktion eines vorvertraglichen Schuldverhältnisses (*culpa in contrahendo*), das nunmehr im Zuge der Schuldrechtsmodernisierung in den §§ 311 II i.V.m 241 II kodifiziert worden ist.

---

[6] Vgl. Jauernig/Teichmann, § 831 Rn. 8.

Dieses Rechtsinstitut ist dabei keine unsachgemäße Haftungserweiterung für den Schuldner, da gerade eine Vertragsanbahnung notwendige Voraussetzung ist. Zum Schutz des Schuldners vor übermäßiger Haftung würde man eine Haftung verneinen, wenn von vornherein klar ist, daß es zu keinem Vertrag kommen soll, beispielsweise in dem Fall, daß anstelle des kaufinteressierten T ein Passant das Geschäft betritt, um sich vor dem Regen zu schützen. Hier bleiben nur deliktische Ansprüche, die aber nach den oben dargelegten Maßstäben untersucht werden müßten.

5. Ergebnis: Aufgrund der Exkulpation durch E hat T gegen diesen keinen Anspruch aus § 831 I.

Fall 2: Nur gefällig und unverbindlich?

▸ **Thema**: Haftung im Gefälligkeitsverhältnis

Der Arbeitslose A aus Göttingen bewirbt sich um eine neue Arbeitsstelle. Auf seine Bewerbung hin wird er zu einem Vorstellungsgespräch am 12. April in Hannover eingeladen. Als er sich zwei Tage vorher am Bahnhof eine Fahrkarte kaufen will, trifft er seinen Bekannten B. Die beiden kommen ins Gespräch, in dessen Verlauf B dem A sagt, er müsse am 12. April auch nach Hannover, weil er dort ebenfalls einen Termin habe, und könne ihn gerne im Auto mitnehmen; dafür wolle er nichts verlangen, dann könne A sich doch die Kosten für die Fahrkarte sparen. A ist hocherfreut und nimmt das Angebot an, wobei er den B noch eigens darauf hinweist, daß er gute Chancen habe, die ausgeschriebene Stelle zu bekommen, und daß der Termin deshalb für ihn von großer Wichtigkeit sei.

Am 12. April wartet A jedoch zur vereinbarten Zeit vergeblich auf den B. Als B schließlich eine halbe Stunde überfällig ist, ruft sich A ein Taxi, denn eine andere Möglichkeit, noch rechtzeitig zu seinem Vorstellungsgespräch nach Hannover zu gelangen, besteht für ihn nicht mehr. Ihm entstehen dafür Kosten in Höhe von 70 Euro.

Später stellt sich heraus, daß sich der Termin des B zerschlagen hatte. Dieser hatte es jedoch nicht für nötig befunden, A davon in Kenntnis zu setzen, daß er nicht nach Hannover fahren würde. A ist empört und verlangt von B Ersatz der Taxikosten, zumindest aber den Differenzbetrag von 30 Euro zur Bahnfahrkarte. Mit Recht?

I. Anspruch des A aus §§ 631 I, 280 I
1. Beförderung = Werkvertrag?
2. Werkvertrag unentgeltlich möglich?
3. Beförderungsvertrag zustande gekommen?
    → fraglich, ob vertragliche Bindung gewollt, hier: (-), nur Gefälligkeit
4. Ergebnis: Anspruch aus §§ 631 I, 280 I besteht nicht

II. Anspruch des A aus §§ 280 I, 241 II wegen Pflichtverletzung im Gefälligkeitsverhältnis
1. Entstehung von Sorgfaltspflichten aus bloßen Gefälligkeitsverhältnissen
2. Pflichtverletzung des B
3. Vertretenmüssen
4. Rechtsfolge: Schadensersatz in Höhe des Differenzbetrages

III. Deliktische Ansprüche
- sind nicht gegeben -

I. Anspruch des A aus §§ 631 I, 280 I

Dem A könnte gegen den B ein Anspruch auf Schadensersatz wegen Verletzung einer werkvertraglich übernommenen Pflicht gemäß §§ 631 I, 280 I zustehen.

1. Fraglich ist dabei zunächst, ob die Verpflichtung zur Erbringung einer Beförderungsleistung überhaupt als Werkvertrag anzusehen ist. Da bei der Beförderung ein Erfolg, nämlich der Transport an einen bestimmten Ort, geschuldet ist, ist das grundsätzlich der Fall: Beförderungsverträge sind Werkverträge[7].

2. Problematisch ist des weiteren, daß hier zwischen A und B *Unentgeltlichkeit* vereinbart worden ist. Es stellt sich die Frage, ob dies der Annahme eines Werkvertrages entgegensteht, da § 631 I von der Verpflichtung zur Entrichtung einer Vergütung spricht und man deshalb annehmen könnte, daß das Gesetz Entgeltlichkeit voraussetzt.

Das ist jedoch nicht der Fall. Wie § 632 I zeigt, kann es auch Werkverträge *ohne* eine Vergütungspflicht geben, denn die einschränkende Wendung „wenn die Herstellung des Werkes den Umständen nach nur gegen eine Vergütung zu erwarten ist" macht deutlich, daß es Umstände geben kann, unter denen eine Vergütungspflicht nicht besteht.

---

[7] RGZ 62, 119; Palandt/Sprau, vor § 631 Rn. 19.

Beim Werkvertrag ist demnach Entgeltlichkeit zwar typisch, aber nicht zwingend[8].

3. Nach der Feststellung, daß die zwischen A und B getroffene Vereinbarung grundsätzlich dem Vertragstypus des Werkvertrages zugeordnet werden kann, ist nunmehr zu überprüfen, ob ein solcher hier überhaupt zustande gekommen ist. Fraglich ist nämlich, ob zwischen den Parteien eine vertragliche Bindung gewollt war oder ob lediglich eine **bloße Gefälligkeit** vorliegt. Das hängt davon ab, ob A und B mit **Rechtsbindungswillen** gehandelt haben[9].

Für die Frage, ob die Parteien mit Rechtsbindungswillen gehandelt haben, kommt es auf ihre subjektiven Intentionen nicht an; maßgeblich sind vielmehr objektive Gesichtspunkte.

Die **Abgrenzung** zwischen einem zwar gefälligkeitshalber abgeschlossenen, aber dennoch voll bindenden Vertrag (sog. Gefälligkeits*vertrag*) und bloßer Gefälligkeit (sog. Gefälligkeits*verhältnis*) kann im Einzelfall durchaus schwierig sein. Zur Beurteilung der Frage, ob ein Rechtsbindungswille gegeben ist und damit ein Gefälligkeitsvertrag vorliegt oder ob es sich lediglich um ein nicht bindendes Gefälligkeitsverhältnis handelt, hat der BGH einige **objektive Kriterien** genannt, deren wichtigsten die folgenden sind[10]:
- Art, Grund und Zweck der Gefälligkeit
- (Un)entgeltlichkeit[11]
- Wirtschaftliche und rechtliche Bedeutung
- Interessenlage der Beteiligten; Bedeutung der Gefälligkeit
- Umstände, unter denen die Gefälligkeit erwiesen wird
- Von der Gefälligkeit betroffene Werte

---

[8] Vgl. auch Jauernig/Mansel, vor § 631 Rn. 3.
[9] Vgl. zum Rechtsbindungswillen als Abgrenzungskriterium zwischen Vertrag und Gefälligkeit auch Brox/Walker, Allg. Schuldrecht, § 2 Rn. 28.
[10] Vgl. BGHZ 21, 102 (106 f.).
[11] Beim Kriterium der (Un)entgeltlichkeit ist Vorsicht geboten, denn das BGB kennt gerade auch unentgeltliche Gefälligkeits*verträge* (z.B. Auftrag, Leihe).

Vorliegend ist unter Würdigung der äußeren Umstände (zufälliges Zusammentreffen am Bahnhof, spontanes Angebot) und der Interessen des B, der sich sicherlich die Möglichkeit offenhalten wollte, seine Pläne zu ändern, was ihm bei einer vertraglichen Bindung nicht ohne weiteres möglich gewesen wäre, von *fehlendem Rechtsbindungswillen* auszugehen. Darauf deutet ferner auch die vereinbarte Unentgeltlichkeit hin. Mangels Rechtsbindungswillens ist also ein Werkvertrag zwischen A und B nicht zustande gekommen.

4. Da ein Werkvertrag nicht gegeben ist, besteht für den A kein Anspruch aus §§ 631 I, 280 I. Es liegt lediglich ein Gefälligkeitsverhältnis vor.

II. Anspruch des A aus §§ 280 I, 241 II wegen Pflichtverletzung im Gefälligkeitsverhältnis

1. Mit der soeben getroffenen Feststellung, daß zwischen A und B keine vertraglichen Bindungen bestehen, sind Schadensersatzansprüche aber noch nicht ausgeschlossen. Zu beachten ist nämlich, daß sich unter bestimmten Voraussetzungen auch aus Gefälligkeitsverhältnissen Schutz- und Sorgfaltspflichten ergeben können, deren schuldhafte Verletzung Schadensersatzansprüche gemäß §§ 280 I, 241 II nach sich ziehen kann.

Beachte: Außer den zwei Extrempunkten der vertraglichen Bindung auf der einen und der bloßen, völlig unverbindlichen Gefälligkeit auf der anderen Seite gibt es auch noch eine Art Zwischenstufe, auf der es zwar nicht wie bei Vorliegen eines Gefälligkeitsvertrages Erfüllungsansprüche, wohl aber zu beachtende Schutz- und Sorgfaltspflichten gibt[12]. Es kann demnach folgendes Stufenmodell entwickelt werden:

---

[12] Siehe dazu Jauernig/Mansel, § 241 Rn. 25; MünchKomm/Kramer, Einl. zu §§ 241-432, Rn. 36 ff.; Rüthers/Stadler, Allgemeiner Teil des BGB, § 17 Rn. 15 ff.

> **Gefälligkeitsvertrag:**
> Hauptleistungspflicht sowie Schutz- und Sorgfaltspflichten
> ↓
> **Gefälligkeitsverhältnis mit rechtsgeschäftlichem Charakter:**
> Keine Leistungs-, wohl aber Schutz- und Sorgfaltspflichten
> ↓
> **Reines Gefälligkeitsverhältnis:**
> Weder Leistungs- noch Schutz- und Sorgfaltspflichten

Beachte: Die Verletzung der aus einem Gefälligkeitsverhältnis mit rechtsgeschäftlichem Charakter resultierenden Schutz- und Sorgfaltspflichten kann einen Schadensersatzanspruch nach sich ziehen. Soweit vertreten wird, es handele sich insoweit um eine direkte oder analoge Anwendung der Regelungen zur c.i.c. (Fall des § 311 II Nr. 3), erscheint dies allerdings fraglich, da die c.i.c. immer dann eingreift, wenn eine vertragliche Bindung intendiert ist, woran es bei Gefälligkeitsverhältnissen aber gerade mangelt. Auch ist vorliegend in keiner Weise ein „geschäftlicher Kontakt" gegeben.

Es erscheint daher richtiger, ein **Pflichten erzeugendes Rechtsverhältnis sui generis** anzunehmen. In diese Richtung kann auch der BGH verstanden werden, wenn er von der „Verletzung (…) eines vertragsähnlichen Vertrauensverhältnisses" spricht[13]. Anspruchsgrundlage für einen Schadensersatzanspruch sind dann §§ 280 I, 241 II i.V.m. dem Gefälligkeitsverhältnis. § 311 II Nr. 3 kann aber zumindest als Argument für die grundsätzliche dogmatische Möglichkeit der Existenz eines solchen Schutz- und Sorgfaltspflichten auslösenden Rechtsverhältnisses auch ohne Vorliegen eines Vertrages herangezogen werden.

---

[13] BGHZ 21, 102 (107).

Wann nun ein derartiges Schutz- und Sorgfaltspflichten erzeugendes Gefälligkeitsverhältnis anzunehmen ist, bestimmt sich wiederum anhand der oben bereits genannten Kriterien[14].

2. Vorliegend kann aus den oben genannten Gründen eine vertragliche Bindung zwischen A und B nicht angenommen werden. Wohl aber ist vor dem Hintergrund der Bedeutung der Angelegenheit für den A, über die er den B laut Sachverhalt auch in Kenntnis gesetzt hat, davon auszugehen, daß sich die Absprache nicht im völlig unverbindlichen Bereich der reinen Gefälligkeit gehalten hat, sondern im Bereich des Gefälligkeitsverhältnisses mit rechtsgeschäftlichem Charakter einzuordnen ist.

B hatte demnach zwar nicht die Pflicht, die angekündigte Fahrt durchzuführen (Leistungspflicht), wohl aber Sorgfaltspflichten, zu denen es sicher auch gehörte, dem A rechtzeitig mitzuteilen, daß er ihn nicht mitnehmen könne. Diese Pflicht hat B verletzt.

> **Beachte:** Die Pflichtverletzung liegt darin, daß B nicht rechtzeitig abgesagt hat, nicht etwa darin, daß er nicht gefahren ist. Die Fahrt nämlich wäre ja gerade eine Hauptleistung, auf die der A mangels entsprechender vertraglicher Bindung keinen Anspruch hat.

3. Daß B diese Pflichtverletzung zu vertreten hat, wird gemäß der an der negativen Formulierung („Dies gilt nicht, wenn...") deutlich werdenden Beweislastumkehr des § 280 I 2 zu seinen Lasten vermutet[15]. Für eine erfolgreiche Exkulpation bietet der Sachverhalt keine Anhaltspunkte.

---

[14] Rüthers/Stadler, Allgemeiner Teil des BGB, § 17 Rn. 18.
[15] Zur Beweislastumkehr des § 280 I 2 siehe Bamberger/Roth/Grüneberg, § 280 Rn. 20 ff. und 79 ff.; Jauernig/Stadler, § 280 Rn. 25.

Hinweis: Da der Sachverhalt insofern schweigt, sind Ausführungen zu einer möglichen Exkulpation des B hier nicht erforderlich. Es ist aber an dieser Stelle darauf hinzuweisen, daß es umstritten ist, welcher Haftungsmaßstab bei der Verletzung von Pflichten aus einem Gefälligkeitsverhältnis mit rechtsgeschäftlichem Charakter anzulegen ist:

a) Ein **Teil der Literatur** weist darauf hin, daß bei den meisten im BGB geregelten Gefälligkeitsverträgen der Schuldner durch eine Beschränkung seiner Haftung auf Vorsatz und grobe Fahrlässigkeit (so bei der Schenkung, der Leihe und der Verwahrung, vgl. §§ 521, 599 und 690[16]) privilegiert ist, und will dies auf den Bereich der Schutz- und Sorgfaltspflichten erzeugenden Gefälligkeitsverhältnisse übertragen, weil es als wertungswidersprüchlich empfunden wird, daß anderenfalls der mit Rechtsbindungswillen handelnde und damit vertraglich gebundene Schuldner weniger streng haften soll als derjenige, der lediglich eine Gefälligkeit übernimmt[17].

b) Namentlich die **Rechtsprechung**[18] lehnt eine Übertragung der Haftungsprivilegierung in den Bereich der Gefälligkeit jedoch ab. Dafür läßt sich im wesentlichen anführen, daß auch das Gesetz bei dem Gefälligkeitsvertrag schlechthin, nämlich dem Auftrag, eine Haftungsprivilegierung des Schuldners gerade nicht kennt.

---

[16] Bei der Verwahrung umschreibt das Gesetz den Haftungsmaßstab des Verwahrers in § 690 mit dem Begriff der Sorgfalt, die in eigenen Angelegenheiten angewandt zu werden pflegt (*diligentia quam in suis*). Gemäß § 277 ist darunter ebenfalls eine Beschränkung auf Haftung für Vorsatz und grobe Fahrlässigkeit zu verstehen.

[17] Hk-BGB/Schulze, vor §§ 241-853, Rn. 25; Medicus, Bürgerliches Recht, Rn. 367; differenzierend MünchKomm/Kramer, Einl. zu §§ 241-432, Rn. 43; Rüthers/Stadler, Allgemeiner Teil des BGB, § 17 Rn. 21.

[18] BGH NJW 1992, 2474 (2475) (für den bei Gefälligkeiten anzulegenden Haftungsmaßstab im deliktischen Bereich).

4. Damit liegen die Anspruchsvoraussetzungen vor. Gemäß § 249 I muß B den A so stellen, wie er ohne sein schädigendes Verhalten stünde. Dann hätte A sich eine Fahrkarte kaufen und den Mehrbetrag für das Taxi sparen können. Dieser Mehrbetrag ist folglich der von B zu ersetzende Schaden. Im **Ergebnis** kann A somit von B Schadensersatz in Höhe von 30 Euro gemäß §§ 280 I, 241 II wegen Pflichtverletzung im Gefälligkeitsverhältnis verlangen.

III. Deliktische Ansprüche

Ein Anspruch aus § 823 I scheidet aus, da keines der dort genannten absoluten Rechtsgüter des A verletzt worden ist. Vielmehr hat A einen reinen Vermögensschaden erlitten; ein solcher ist aber nach § 823 I nicht ersatzfähig[19].

§ 826 schützt zwar das Vermögen; er greift jedoch nur ein, wenn es dem Schädiger gerade um die Schadenszufügung geht, wenn also der Schaden vom Vorsatz des Schädigers umfaßt ist[20]. Das ist hier sicher nicht der Fall.

> **Hinweis:** Das Nichtbestehen deliktischer Ansprüche in Fällen wie dem hier dargestellten zeigt, daß für das Institut des Schutz- und Sorgfaltspflichten auslösenden *Gefälligkeitsverhältnisses* durchaus auch ein praktisches Bedürfnis besteht.

---

[19] Vgl. Hk-BGB/Staudinger, § 823 Rn. 1.
[20] Palandt/Sprau, § 826 Rn. 10.

Fall 3: Teure Digitalkamera

▶ **Thema:** Unmöglichkeit; Annahmeverzug;
Drittschadensliquidation

Konrad Kaufinger (K) will sich eine Digitalkamera zulegen. Nach mehreren Monaten des Informierens und Suchens fällt seine Wahl schließlich kurz vor seinem Urlaub auf eine Canon PowerShot A 85. Zufällig hat er gesehen, daß dieses Modell im kleinen Fotoladen des V viel günstiger als in den großen Elektronikmärkten der Umgebung angeboten wird. Einen Tag vor seiner Abreise sucht K daher das Geschäft des V auf und wird sich mit diesem nach einem kurzen abschließenden Beratungsgespräch bei einem Preis von 229 Euro handelseinig.

Als K bezahlen will, müssen er und V jedoch feststellen, daß das EC-System ausgefallen ist. Da es sich um einen Fehler größeren Ausmaßes handelt, kann K auch bei einer nahegelegenen Bank kein Bargeld bekommen. Ohne Bezahlung will V ihm die teure Kamera natürlich nicht mitgeben. K ist betrübt, da er am nächsten Tag verreisen will und keine Gelegenheit mehr haben wird, vorher bei V vorbeizukommen.

Um die Enttäuschung, die dem K ins Gesicht geschrieben steht, zu mildern, bietet ihm der V schließlich gefälligkeitshalber an, ihm die Kamera am nächsten Vormittag noch vor seiner Abreise nach Hause zu bringen. K ist erfreut, da er zu Hause in seiner Urlaubskasse bereits über das nötige Bargeld verfügt. V und K verabreden sich daraufhin für 8.30 Uhr des folgenden Tages.

Als V zum vereinbarten Zeitpunkt bei K eintrifft, steht er vor verschlossener Tür. K hatte nämlich festgestellt, daß er seine Flugtickets verlegt hatte, und war deshalb noch einmal eilig ins Reisebüro gefahren. V wartet zehn Minuten und macht sich dann verärgert auf den Rückweg. Dabei kommt es zu einem Unglück: An einer Ampelkreuzung mißachtet Ferdinand Flugs (F), der im Querverkehr unterwegs ist, das für ihn geltende Rotlicht und verursacht dadurch einen Unfall mit dem die Kreuzung bei „grün" überquerenden V. Die Kamera wird dabei zerstört.

Nach K's Rückkehr aus dem Urlaub verlangt V von ihm die Zahlung des Kaufpreises von 229 Euro. K erwidert, V solle ihn doch mit der Kamera in Ruhe lassen. Er habe sich am Urlaubsort längst eine andere gekauft und sehe gar nicht ein, etwas zu zahlen. Schließlich habe er die Kamera ja auch nicht erhalten. Jedenfalls meint er aber, daß, wenn er schon zahlen müsse, F ihm seinen Schaden zu ersetzen habe. Wie ist die Rechtslage?

Abwandlung: Der Unfall mit F hat sich deshalb ereignet, weil V als Wartepflichtiger an einer unübersichtlichen Kreuzung trotz eines Stop-Schildes sein Auto nicht zum Stehen gebracht hat, sondern ohne anzuhalten in die Kreuzung eingefahren ist. Kann V Zahlung des Kaufpreises von K verlangen?

I. Anspruch des V gegen den K auf Kaufpreiszahlung aus § 433 II
1. Anspruch mit Vertragsschluß entstanden
2. Anspruch erloschen nach § 326 I 1?
a) Freiwerden des V gem. § 275 I
   (P) Kamera = Gattungssache, aber: Konkretisierung (+), da das Bringen der Kamera durch V reine Gefälligkeit ist und am Bestehen einer Holschuld nichts ändert
b) Grundsätzlich greift § 326 I 1 ein, <u>aber:</u> Ausnahme des § 326 II 1 2. Alt. könnte vorliegen; das wäre der Fall, wenn sich K im Annahmeverzug befunden und V den zu seiner Leistungsbefreiung nach § 275 I-III führenden Umstand nicht zu vertreten hätte
c) Annahmeverzug des K (+)
d) Kein Vertretenmüssen des V (+)
3. Ergebnis: Kaufpreiszahlungsanspruch besteht

II. Anspruch des K gegen den F auf Schadensersatz
1. Anspruch aus eigenem Recht: § 823 I (-), da K nicht Eigentümer
2. Anspruch aus abgetretenem Recht: § 285 I, § 823 I im Verhältnis V – F
   a) Rechtswidrige, zu vertretende Eigentumsverletzung des F ggü. V (+)
   b) Schaden des K (-), daher eigentlich § 823 I im Verhältnis V – F auch (-)
   c) Aber Drittschadensliquidation: Schaden des K zum Anspruch des V
   d) Nach § 285 I muß V seinen Anspruch aus § 823 I an K abtreten, so
      daß K von F gemäß §§ 823 I, 285 I i.v.m. den Grundsätzen der
      Drittschadensliquidation Schadensersatz verlangen kann

III. Abwandlung: Kaufpreiszahlungsanspruch des V
1. Prüfungsverlauf wie unter I.
2. § 326 II 1 2. Alt. greift hier nicht ein, da V grob fahrlässig gehandelt hat
   und deshalb trotz des gem. § 300 I modifizierten Haftungsmaßstabes
   den Untergang der Kaufsache zu vertreten hat; K wird gemäß § 326 I 1
   frei
3. Ergebnis: Der Kaufpreiszahlungsanspruch besteht nicht

I. Anspruch des V gegen den K auf Kaufpreiszahlung

Ein Anspruch gegen den K auf Zahlung des Kaufpreises in Höhe von 229 Euro könnte sich für V aus § 433 II ergeben.

1. Mit dem laut Sachverhalt unproblematisch vorliegenden Abschluß eines Kaufvertrages zwischen V und K ist der Kaufpreiszahlungsanspruch zunächst entstanden.

2. Dieser Anspruch könnte jedoch, da die Kaufsache (Kamera) zwischenzeitlich zerstört worden ist, gemäß § 326 I 1 untergegangen sein.

Beachte: Ein grober Fehler wäre hier die Prüfung des Erlöschens der Kaufpreiszahlungspflicht am Maßstab des § 275 I. Die Pflicht zur Zahlung des Kaufpreises nämlich ist *Gegenleistungspflicht*, deren Erlöschen sich nach § 326 bestimmt, während sich § 275 auf die unmöglich werdende Pflicht selbst bezieht und deren Erlöschen statuiert.

> Zur **Terminologie** von Leistung und Gegenleistung im Zusammenhang mit dem Leistungsstörungsrecht kann man sich gut merken, daß sich die Begrifflichkeiten immer **von der gestörten Pflicht aus** bestimmen. Als Gläubiger wird im Leistungsstörungsrecht demnach der Gläubiger der gestörten Pflicht, als Schuldner deren Schuldner bezeichnet. Die Gegenleistungspflicht, deren Bestand sich nach § 326 und den Ausnahmen zu dieser Norm bestimmt, ist immer die Pflicht, die nicht gestört ist (hier: Kaufpreiszahlungspflicht).

a) Dafür wäre zunächst Voraussetzung, daß V seinerseits gemäß § 275 I-III von seiner Verpflichtung zur Lieferung der Kamera (§ 433 I 1) frei geworden ist.

Da die Kamera laut Sachverhalt zerstört wurde, kommt insofern objektive Unmöglichkeit nach § 275 I in Betracht. Zu beachten ist aber, daß es sich bei der geschuldeten Kamera zunächst um eine nur nach gattungsmäßigen Merkmalen bestimmte Sache handelte, so daß eine **Gattungsschuld** gegeben ist. Da Gattungsschulden Beschaffungsschulden sind[21], könnte Unmöglichkeit daher nur dann vorliegen, wenn sich die Leistungspflicht des V bereits auf den konkret zerstörten Einzelgegenstand beschränkt hatte, wenn also **Konkretisierung** eingetreten war.

Wann Konkretisierung eintritt, bestimmt sich nach **§ 243 II**: V müßte das „seinerseits Erforderliche" getan haben. Darunter ist zu verstehen, daß er dem K die Leistung **zur rechten Zeit**[22] **am rechten Ort in der gehörigen Art und Weise**[23] angeboten haben müßte. Problematisch ist hier einzig der richtige Leistungsort. Es kommt darauf an, welche Art von Schuld vorliegt: *Bring-, Hol- oder Schickschuld*. Grundsätzlich statuiert dabei § 269 I eine Holschuld.

---

[21] Palandt/Heinrichs, § 243 Rn. 3.
[22] Vgl. die Grundregel in § 271.
[23] Nach § 243 I ist ein Gegenstand aus der Gattung von mittlerer Art und Güte geschuldet.

Vorliegend könnte angenommen werden, daß in dem Angebot des V, dem K die Kamera nach Hause zu bringen, und dessen Annahme durch K die Vereinbarung einer Bringschuld liegt. Jedoch ist dem Sachverhalt zu entnehmen, daß V hier lediglich „gefälligkeitshalber" handelt, so daß eine rechtswirksame Leistungsortvereinbarung nicht gegeben ist.

Im übrigen ist auch zu berücksichtigen, daß für V mit einer Bringschuld die Ausweitung seines Haftungsrisikos verbunden wäre. Eine solche liegt jedoch keinesfalls in seinem Interesse; er will lediglich gegenüber K eine Serviceleistung erbringen, ohne dadurch selbst mit Nachteilen belastet zu werden. Die Annahme einer Bringschuld wäre demnach hier interessewidrig und lebensfremd. Im Ergebnis bleibt es somit beim gesetzlichen Regelfall der *Holschuld.*

Um Konkretisierung herbeigeführt zu haben, müßte V dementsprechend eine Kamera der Marke Canon PowerShot A 85 ausgesondert und für den K bereitgestellt haben. Spätestens anläßlich der Fahrt zu K ist das geschehen: Konkretisierung ist also eingetreten.

Hinweis: Nach den Angaben im Sachverhalt hätte hier auch unterstellt werden können, daß V und K schon im Rahmen ihres Verkaufsgesprächs eine bestimmte Kamera ausgesondert haben, so daß eine Konkretisierung bereits zu diesem Zeitpunkt stattgefunden hätte.

Die Annahme einer Bringschuld hingegen ist aufgrund der Sachverhaltsangaben („gefälligkeitshalber") und unter Würdigung der Interessenlage hier nicht vertretbar. Sie hat allerdings für die weitere Lösung und das Ergebnis keine Konsequenzen, da K sich im Annahmeverzug befindet (dazu sogleich) und daher bei Annahme einer Bringschuld § 300 II eingreifen würde.

Da die Kamera, auf die sich die Verpflichtung des V konkretisiert hatte, bei dem Unfall zerstört wurde und daher von niemandem mehr geleistet werden kann, liegt ein Fall objektiver Unmöglichkeit vor, so daß V gemäß § 275 I von seiner Leistungspflicht frei wird.

b) Wird der Schuldner nach § 275 I-III frei, so wird gemäß § 326 I 1 auch der Gläubiger von seiner Verpflichtung befreit, die Gegenleistung zu erbringen. Zu dieser Grundregel gibt es jedoch Ausnahmetatbestände, deren Eingreifen dazu führt, daß der Gläubiger der unmöglich gewordenen Leistung seinerseits zur Erbringung der Gegenleistung verpflichtet bleibt. Als eine solche **Anspruchserhaltungsnorm** kommt vorliegend § 326 II 1 2. Alt. in Betracht. Dann müßte sich K im *Annahmeverzug* befunden haben.

c) V ist, als er den K aufzusuchen versucht, zur Leistung berechtigt und imstande. Er bietet seine Leistung so, wie sie zu bewirken ist, tatsächlich an, während K sie nicht annimmt. Gemäß §§ 293 ff. befindet sich K somit unproblematisch im Annahmeverzug[24].

> **Beachte:** Ein Verschuldensvorwurf ist hier nicht zu prüfen, da der **Annahmeverzug verschuldensunabhängig** ist, weil es sich nicht um eine Pflicht-, sondern lediglich um eine *Obliegenheitsverletzung* handelt. Es kommt also nicht darauf an, warum der K zum vereinbarten Zeitpunkt nicht zu Hause war. Ein Gläubiger gerät auch dann in Annahmeverzug, wenn er legitime und nachvollziehbare Gründe hat, aus denen er an der Leistungsannahme verhindert ist!

d) Weitere Voraussetzung für § 326 II 1 2. Alt. ist, daß der Schuldner den Umstand, der zu seiner Leistungsbefreiung nach § 275 I-III führt, **nicht zu vertreten** hat.

---

[24] Zu den Voraussetzungen des Annahmeverzuges im einzelnen siehe Brox/Walker, Allgemeines Schuldrecht, § 26 Rn. 3 ff.

Dabei ist zu beachten, daß während des Verzugs des Gläubigers zugunsten des Schuldners der **modifizierte Haftungsmaßstab des § 300 I** gilt: Dementsprechend hat V hier lediglich *Vorsatz und grobe Fahrlässigkeit* zu vertreten. Dazu ist festzustellen, daß er sich im Ausgangsfall völlig korrekt verhalten hat und daß es nur dadurch zu dem Unfall gekommen ist, daß F grob verkehrswidrig gehandelt hat. V hat also weder vorsätzlich noch grob fahrlässig gehandelt; er hat den zur Befreiung von seiner Leistungspflicht führenden Umstand folglich nicht zu vertreten.

Dementsprechend greift § 326 II 1 2. Alt. hier als Ausnahme zu § 326 I 1 ein, so daß die Gegenleistungspflicht des K nicht erlischt.

3. Im **Ergebnis** bleibt also K wegen § 326 II 1 2. Alt. zur Kaufpreiszahlung gemäß § 433 II verpflichtet, obwohl V gemäß § 275 I nicht mehr zu leisten braucht.

Hinweis: Es handelt sich bei diesem Fall um eine Standard-konstellation aus dem Bereich des Leistungsstörungsrechts. Merken Sie sich die grundsätzliche Struktur: Wird die Erbringung einer Leistung unmöglich, erlischt die entsprechende Pflicht zur Leistungserbringung nach § 275 I-III. Im Gegenzug erlischt grundsätzlich gemäß § 326 I 1 auch die Gegenleistungspflicht des Gläubigers der unmöglich gewordenen Leistung.

Das ist unmittelbar verständlich: Der Schuldner muß seine Leistung nicht mehr erbringen, soll aber dann auch die Gegenleistung nicht mehr bekommen.

Umschreibt man die Konstellation, eine Leistung, auf die eigentlich ein Anspruch besteht, nicht zu bekommen, mit dem Begriff der „Gefahr", so kann dieses Zusammenspiel folgendermaßen formuliert werden: Der Gläubiger der unmöglich gewordenen Leistung trägt die **Leistungsgefahr** (=Gefahr, infolge von § 275 I-III seinen Anspruch auf die geschuldete Leistung zu verlieren).

Der Schuldner der unmöglich gewordenen Leistung hingegen trägt die **Gegenleistungsgefahr** (=Gefahr, infolge von § 326 I 1 den Anspruch auf die Gegenleistung zu verlieren).

In einigen Fällen wird diese normale Gefahrverteilung jedoch verändert. Das ist immer dann der Fall, wenn eine Ausnahme zu § 326 I 1 eingreift und dafür sorgt, daß die Gegenleistungspflicht des Gläubigers der unmöglichen Leistung nicht erlischt, daß also der Gläubiger zwar wegen § 275 I-III seinen Anspruch auf die Leistung verliert, seinerseits aber die Gegenleistung erbringen muß. Ist das der Fall, so spricht man auch davon, daß die **Gegenleistungsgefahr auf den Gläubiger übergegangen** ist. Sie wirkt sich bei ihm dergestalt aus, daß er zur Gegenleistung verpflichtet ist, ohne selbst eine Leistung zu bekommen.

Der Begriff des Gefahrüberganges ist dabei insofern etwas irreführend, als daß nach dem Übergang der Gegenleistungsgefahr natürlich die oben gegebene Definition („Gefahr, den Anspruch auf die Gegenleistung zu verlieren") nicht mehr paßt. Denken Sie daher nicht begrifflich, sondern strukturell, und machen Sie sich die Konsequenzen eines sog. „Gefahrüberganges" klar (Aufrechterhaltung des Gegenleistungsanspruchs). Will man diese begrifflich erfassen, so kann man sagen, daß sich die Gegenleistungsgefahr dann, wenn sie auf den Gläubiger der unmöglich gewordenen Leistung übergegangen ist, als die Gefahr darstellt, die Gegenleistung erbringen zu müssen, ohne die Leistung zu bekommen.

Einen Übergang der Gegenleistungsgefahr auf den Gläubiger, also Ausnahmen vom Grundsatz des § 326 I 1, sieht das Gesetz in solchen Fällen vor, in denen den Gläubiger zumindest eine Art von Mitverantwortlichkeit für den Eintritt der Unmöglichkeit der Leistung trifft, was beispielsweise der Fall ist, wenn der Gläubiger selbst den zur Unmöglichkeit führenden Umstand zu vertreten hat (§ 326 II 1 1. Alt.) oder wenn ihm die Leistung bereits angeboten wurde, er sie aber nicht angenommen hat, sich also bei Eintritt der Unmöglichkeit im Annahmeverzug befindet (§ 326 II 1 2. Alt.). Im folgenden sind die wichtigsten Ausnahmen zu § 326 I 1 aufgelistet. Sie sollten diese nachlesen und sich jeweils klarmachen, warum in diesen Fällen die Pflicht zur Gegenleistung bestehen bleibt, warum es also gerecht ist, den Gläubiger der unmöglichen Leistung an seiner Gegenleistungspflicht festzuhalten, obwohl er seinerseits die Leistung wegen § 275 I-III nicht bekommt.

Kommentieren Sie sich die Ausnahmen, soweit die für Sie maßgebliche Prüfungsordnung dies zuläßt, im übrigen neben § 326 I 1 und bedenken Sie diese immer, wenn Sie in einer Anspruchsprüfung zum Grundsatz des § 326 I 1 kommen.

Die wesentlichen Ausnahmen sind[25]:
- § 326 II 1 1. Alt. (Verantwortlichkeit des Gläubigers)
- § 326 II 1 2. Alt. (Annahmeverzug)
- § 446 Satz 1 (Übergabe der Kaufsache vor Übereignung)
- § 447 I (Versendungskauf; beachte aber § 474 II!)
- § 644 I (Abnahme des Werkes)
- § 644 II (Versendung des Werkes)
- § 645 I (Verantwortlichkeit des Werkbestellers)

II. Ansprüche des K gegen den F

Da K nach dem Ergebnis zu I. den Kaufpreis an V zahlen muß, ohne dafür die Kamera zu erhalten, ist er bei wirtschaftlicher Betrachtung der durch den Untergang der Kamera eigentlich Geschädigte. Es stellt sich daher die Frage, ob K von F als dem Verursacher des Untergangs des Leistungsgegenstandes Schadensersatz verlangen kann.

---

[25] Siehe dazu ausführlich Brox/Walker, Allgemeines Schuldrecht, § 22 Rn. 37 ff.

1. Blickt man auf eigene Ansprüche des K, so kommt als Anspruchsgrundlage insofern einzig § 823 I in Betracht. Ein entsprechender Anspruch scheitert jedoch bereits daran, daß gegenüber K eine Rechtsgutsverletzung nicht vorliegt: Die allein in Betracht kommende Eigentumsverletzung ist nicht gegeben, da K mangels Übereignung im Zeitpunkt ihrer Zerstörung noch nicht Eigentümer der Kamera war.

2. Gemäß § 285 I kann K aber von V Abtretung etwaiger Ersatzansprüche verlangen, um diese gegen den F geltend zu machen (Ansprüche des K aus abgetretenem Recht). Es stellt sich daher die Frage, ob dem **V gegen den F** Schadensersatzansprüche zustehen, die dieser dann an K abzutreten verpflichtet wäre. Auch insofern kommt zunächst § 823 I in Betracht.

a) V war zum Unfallzeitpunkt noch Eigentümer der Kamera. Sein **Eigentumsrecht** hat der F auch unproblematisch rechtswidrig und in zu vertretender Weise (Eventualvorsatz, jedenfalls aber grobe Fahrlässigkeit) **verletzt**.

b) Fraglich ist jedoch, ob dem V daraus ein **Schaden** entstanden ist. Da er trotz der Vernichtung der Kamera wirtschaftlich so steht, wie er ohne das schädigende Ereignis stünde, weil K ihm nach dem Ergebnis zu I. zur Kaufpreiszahlung verpflichtet bleibt, ist das zu verneinen. Demnach lautet das vorläufige Ergebnis, daß dem V mangels Schaden kein Schadensersatzanspruch aus § 823 I gegen den F zusteht, den er nach § 285 I an K abtreten könnte.

c) Demnach besteht eine Konstellation, in der dem K zwar ein Schaden entstanden ist, dem aber kein Anspruch korrespondiert, während dem V zwar eine Anspruchsgrundlage zur Verfügung steht, die aber mangels Schaden nicht zur Bejahung eines Anspruchs führen kann. Im Ergebnis würde dies zu einer ungerechtfertigten Privilegierung des F führen, die einzig daraus resultiert, daß aufgrund des Eingreifens der Gefahrtragungsregel des § 326 II 1 2. Alt. Anspruch und Schaden zufällig personal auseinanderfallen.

Ein solches Ergebnis wird über das Konstrukt der **Dritt-schadensliquidation**[26] vermieden. Diese dogmatische Figur erlaubt es, eine zufällige Schadensverlagerung aus-zublenden und den Schaden zu der Person zurückzuziehen, bei der er unter gewöhnlichen Umständen eingetreten wäre.

Mit anderen Worten: Der Inhaber des Schadensersatz-anspruches wird berechtigt, den wirtschaftlich bei einer anderen Person eingetretenen Schaden zu liquidieren (daher auch die Bezeichnung „Drittschadensliquidation": Es wird der bei einem Dritten vorliegende Schaden liquidiert).

Vorliegend bedeutet das, daß der Schaden des K zum Anspruch des V gezogen wird, so daß bei V ein vollwertiger Anspruch gegen den F aus § 823 I auf Schadensersatz für die Kamera gegeben ist. Dieser setzt sich zusammen aus den bei V selbst vorliegenden Anspruchsvoraussetzungen der rechtswidrigen und zu vertretenden Eigentums-verletzung durch F und dem zwar eigentlich bei K ge-gebenen, jedoch kraft der Grundsätze der Drittschadens-liquidation zum Anspruch des V gezogenen Schaden.

d) Durch die Figur der Drittschadensliquidation steht somit dem V doch ein Schadensersatzanspruch aus § 823 I gegen den F zu. Diesen Anspruch muß V gemäß § 285 I an den K abtreten, so daß K im **Ergebnis** gemäß § 823 I i.V.m. den Grundsätzen der Drittschadensliquidation und § 285 I Schadensersatz für die zerstörte Kamera von F verlangen kann. Gemäß §§ 249 ff. muß F also dem K den Wert der Kamera ersetzen.

---

[26] Übersichtlich dazu Bamberger/Roth/Schubert, § 249 Rn. 148 ff.

Hinweis: Wichtig ist hier, Anwendungsbereich und Funktionsweise von Drittschadensliquidation auf der einen und § 285 I auf der anderen Seite auseinander zu halten. Die Grundsätze der Drittschadensliquidation allein helfen dem K nicht, denn diese ermöglichen es nur, seinen Schaden zum Anspruch des V zu ziehen, wodurch er selbst jedoch noch keinen Ersatzanspruch gegen F erlangt. Dazu ist noch der Anspruch auf das Surrogat gemäß § 285 I notwendig, der dazu führt, daß V seinen qua Drittschadensliquidation um den Schaden des K ergänzten Anspruch aus § 823 I an K abtreten muß.

Die Grundsätze der Drittschadensliquidation führen also lediglich zur Zusammenfassung von Anspruch und Schaden in der Person des V, während sodann § 285 I dafür sorgt, daß V den so entstandenen Verbund aus Anspruch und Schaden an den K abtreten muß[27].

III. Abwandlung

1. Auch in der Abwandlung ist der Anspruch des V auf Zahlung des Kaufpreises gemäß § 433 II zunächst wirksam entstanden. Fraglich ist jedoch auch hier, ob er untergegangen ist. Insofern kommt wiederum § 326 I 1 in Betracht. Dessen Voraussetzung, nämlich das Freiwerden des V nach § 275 I-III, liegt vor; insofern kann auf die Prüfung unter I. verwiesen werden.

2. Fraglich ist jedoch auch hier, ob § 326 II 1 2. Alt. als Ausnahme eingreift und den Anspruch auf die Gegenleistung erhält, denn auch in der Abwandlung befand sich K zum Zeitpunkt des Eintritts der Unmöglichkeit im Annahmeverzug.

---

[27] Siehe zu diesem Zusammenspiel zwischen den Grundsätzen der Drittschadensliquidation und § 285 I auch Medicus, Schuldrecht I (AT), Rn. 609, sowie Brox/Walker, Allgemeines Schuldrecht, § 29 Rn. 16.

Zu beachten ist aber, daß § 326 II 1 2. Alt. noch eine weitere tatbestandliche Voraussetzung enthält: Der Schuldner darf den zur Unmöglichkeit und damit zum Ausschluß seiner Leistungspflicht führenden Umstand *nicht zu vertreten* haben.

Im Ausgangsfall traf den V keinerlei Verschulden an dem Unfall (siehe oben unter I.2.d.). Dies könnte sich indes in der Abwandlung anders darstellen. Zu berücksichtigen ist zunächst wiederum der **modifizierte Haftungsmaßstab des § 300 I**: Während des Annahmeverzuges hat der Schuldner nur *Vorsatz und grobe Fahrlässigkeit* zu vertreten. Daraus folgt für den vorliegenden Fall, daß § 326 II 1 2. Alt. dann nicht eingriffe, wenn V hier vorsätzlich oder zumindest grob fahrlässig gehandelt hätte.

Dem Sachverhalt der Abwandlung ist zu entnehmen, daß V an einer unübersichtlichen Kreuzung ein Stopschild mißachtet hat. Es kann dahinstehen, ob in einem solchen Verhalten möglicherweise bereits Eventualvorsatz zu erblicken ist, denn jedenfalls hat V die im Verkehr erforderliche Sorgfalt in ungewöhnlich hohem Maße außer acht gelassen, nicht beachtet, was jedem einleuchten muß, und somit grob fahrlässig gehandelt[28].

Damit hat er in der Abwandlung trotz der Haftungserleichterung des § 300 I den zu seiner Leistungsbefreiung nach § 275 I führenden Umstand zu vertreten, so daß hier die Ausnahmevorschrift des § 326 II 1 2. Alt. nicht eingreift. Folglich bleibt es bei der Grundregel des § 326 I 1, d.h., die Gegenleistungspflicht des K erlischt.

---

[28] Zum Begriff der groben Fahrlässigkeit vergleiche BGHZ 10, 14 (16) und Medicus, Schuldrecht I (AT), Rn. 311.

Hinweis: Der Wortlaut des § 326 II 1 2. Alt. ist völlig klar: Das Nichtvertretenmüssen ist eindeutig tatbestandliche Voraussetzung. Hat der Schuldner den zu seiner Leistungsbefreiung nach § 275 I-III führenden Umstand zu vertreten, liegt § 326 II 1 2. Alt. folglich nicht vor, und es bleibt bei der Grundregel des § 326 I 1.

Das Aufeinandertreffen von Vorsatz bzw. grober Fahrlässigkeit auf seiten des Schuldners und Annahmeverzug auf seiten des Gläubigers ist demnach vom Gesetz geregelt und stellt keinen Fall der sog. beidseitig zu vertretenden Unmöglichkeit dar[29].

3. Ergebnis: V kann von K in der Abwandlung nicht Zahlung des Kaufpreises verlangen, da der entsprechende Anspruch aus § 433 II gemäß § 326 I 1 untergegangen ist.

---

[29] So die einhellige Meinung in der Literatur, vgl. Bamberger/Roth/Grothe, § 326 Rn. 24 mit weiteren Nachweisen; die in diesem Kontext teilweise in der Rechtsprechung als Fälle beidseitig zu vertretender Unmöglichkeit eingeordneten Konstellationen zeichnen sich durch besondere Gegebenheiten aus und sind nicht verallgemeinerungsfähig, vgl. dazu MünchKomm/Ernst, § 326 Rn. 77.

Fall 4: Drachenflug

▸ **Thema:** Allgemeines Leistungsstörungsrecht

Viktor Vlach (V) geht wie so viele Dorfbewohner jedes Jahr im Herbst auf die vom Dorf abseits gelegenen Felder, um dort bei windigem Wetter Drachen steigen zu lassen. Der Drachen des V zeichnet sich sehr zur Bewunderung der übrigen Dorfbewohner insbesondere dadurch aus, daß er an Pracht und Flughöhe alle anderen auf dem Feld steigen gelassenen Drachen übertrifft. Der ebenfalls anwesende Konrad Kunze (K) liest seinem Sohn den Wunsch von den Augen ab, diesen Drachen zu haben, als er den Drachen des V neidisch beobachtet, und kommt mit V ins Gespräch, in dem er sich sehr interessiert an dem Drachen zeigt. V, der als Hobbybastler sowieso einen noch besseren Drachen besitzt, hat gegen einen Verkauf nichts einzuwenden.

Schnell werden sich V und K über einen Preis von 50 Euro einig und reichen sich die Hände. Als jedoch der V die Sicherungsleine trennen und dem K übergeben will, reißt ihm eine starke Windböe den Drachen aus der Hand. Obwohl V und K dem Drachen hinterherlaufen, können sie nicht verhindern, daß dieser an einem Baum hängenbleibt und dadurch zerstört wird. V ist empört und verlangt von K den Kaufpreis. Schließlich habe er die Leine nur seinetwegen gelöst. Zu Recht?

Abwandlung: Wie wäre der Fall zu beurteilen, wenn bei sonst gleichbleibendem Sachverhalt V dem K den Drachen bereits in die Hand gegeben und – da K die 50 Euro bei der Übergabe nicht dabei hat – mit diesem vereinbart hätte, daß das Eigentum erst bei Zahlung des Kaufpreises übergehen soll?

I. Anspruch des V gegen K auf Kaufpreiszahlung gemäß § 433 II
1. Anspruch entstanden
2. Anspruch untergegangen?
   a) Voraussetzungen des § 326 I 1
     aa) Gegenseitiger Vertrag
     bb) Leistungsbefreiung gemäß § 275 I-III
   b) Anspruch gemäß § 326 I 1 untergegangen

II. Ergebnis: Anspruch des V gegen K aus § 433 II (-)

Abwandlung
I. Anspruch des V gegen K auf Kaufpreiszahlung gemäß § 433 II
1. Anspruch entstanden
2. Anspruch untergegangen?
   a) Voraussetzungen des § 326 I 1
     aa) Gegenseitiger Vertrag
     bb) Leistungsbefreiung gemäß § 275 I-III
   b) Ausnahme: Anspruchserhaltungsnorm, hier: § 446 S.1
     aa) Übergabe i.S.d. § 854 I
     bb) Zufälliger Untergang
     cc) Gefahrübergang
3. Anspruch durchsetzbar?

II. Ergebnis: Anspruch des V gegen K aus § 433 II (+)

I. Anspruch des V gegen K auf Kaufpreiszahlung in Höhe von 50 Euro gemäß § 433 II

V könnte gegen K einen Anspruch auf Kaufpreiszahlung in Höhe von 50 Euro für den Drachen gemäß § 433 II haben.

1. Dazu müßte zunächst der Anspruch **entstanden** sein. V und K haben hier einen gültigen Kaufvertrag gemäß § 433 über einen Flugdrachen zum Preis von 50 Euro geschlossen. Ein Anspruch ist somit zunächst entstanden.

2. Der Anspruch dürfte ferner **nicht untergegangen** sein.

a) Der Anspruch auf Kaufpreiszahlung könnte allerdings gemäß § 326 I 1 erloschen sein.

> **Hinweis**: Es geht bei dieser Prüfung gerade nicht um die Frage des Ausschlusses der Pflicht zur Leistung gemäß § 275 I-III, sondern im Gegenteil um den Anspruch auf die Gegenleistung. Es wäre ein grober Fehler, an dieser Stelle einen Untergang nach § 275 zu prüfen, da dieser die Leistungsgefahr regelt.

aa) § 326 I enthält eine **Gefahrtragungsregel**: Wenn der Schuldner i.S.d. § 275 von seiner Leistungspflicht befreit ist, so bekommt er auch die Gegenleistung nicht; er trägt mithin die Gegenleistungs-(Preis)gefahr[30]. Dies ist die logische Konsequenz aus den Regeln über die synallagmatischen Verhältnisse (§§ 320 ff.), die durch ihre Konstruktion des *do ut des* die Gefahrtragung dem auf einen gegenseitigen Austausch gerichteten Rechtsverhältnis anpassen. Da es sich bei einem Kaufvertrag gemäß § 433 unproblematisch um einen gegenseitigen Vertrag handelt, ist § 326 I daher anzuwenden.

bb) § 326 I 1 1. HS verlangt darüber hinaus, daß der Schuldner nicht zu leisten braucht. Darunter sind die Fälle zu fassen, in denen dem Schuldner die Leistung i.S.d. § 275 I unmöglich ist bzw. in denen er die Einreden aus § 275 II oder III erheben kann.

> **Beachte**: Streng genommen handelt es sich zwar bei § 275 II und III um Einreden, allerdings hemmen sie nicht den Anspruch im Rahmen der Frage der Durchsetzbarkeit, sondern lassen diesen untergehen. Das Schuldrechtsmodernisierungsgesetz hat somit die neue dogmatische Figur der **rechtsvernichtenden Einrede** gebracht.

---

[30] Vgl. Fall 3 in diesem Skript.

§ 275 I umfaßt die Sachverhalte, in denen entweder aus objektiven oder aus subjektiven Gründen der Leistungserfolg dauerhaft nicht erbracht werden kann[31]. Der Drachen ist durch den Aufprall am Baum zerstört worden. Es ist dem V rein physisch und damit objektiv unmöglich, die geschuldete Leistung aus dem Kaufvertrag zu erbringen. Eine Leistungsbefreiung des Schuldners ist gemäß § 275 I zu bejahen.

b) Diese Leistungsbefreiung wirkt sich aufgrund des Synallagmas auf das Schicksal der Gegenleistung aus, so daß gemäß § 326 I 1 1. HS der Anspruch des V auf den Kaufpreis erloschen ist.

II. Ergebnis: V hat gegen K keinen Anspruch aus § 433 II auf Kaufpreiszahlung für den Drachen in Höhe von 50 Euro.

Abwandlung

I. Anspruch des V gegen K auf Kaufpreiszahlung in Höhe von 50 Euro gemäß § 433 II

V könnte gegen K einen Anspruch auf Kaufpreiszahlung in Höhe von 50 Euro für den Drachen gemäß § 433 II haben.

1. Dazu müßte zunächst der Anspruch **entstanden** sein. V und K haben hier einen gültigen Kaufvertrag gemäß § 433 über einen Flugdrachen zum Preis von 50 Euro geschlossen. Ein Anspruch ist somit zunächst entstanden.

2. Der Anspruch dürfte ferner **nicht untergegangen** sein.

a) Der Anspruch auf Kaufpreiszahlung könnte allerdings gemäß § 326 I 1 erloschen sein.

---

[31] Vgl. zu den einzelnen Abstufungen im Rahmen der Unmöglichkeit nur Bamberger/Roth/Unberath, § 275 Rn. 19 ff.

aa) Es handelt sich bei dem Kaufvertrag gemäß § 433 unproblematisch um einen gegenseitigen Vertrag, s.o.

bb) V ist aufgrund der Zerstörung des Drachens i.S.d. § 275 I von seiner Leistungspflicht befreit worden, s.o.

b) Grundsätzlich würde somit wie im Grundfall auch die Gegenleistungspflicht entfallen, § 326 I 1 1. HS.

In der Abwandlung besteht allerdings die Besonderheit, daß der K den Drachen bereits von V erhalten hat. Fraglich ist insofern, auf welche Weise dies in der Behandlung der Gefahrtragung zu berücksichtigen ist. Von dem Grundsatz, daß mit der Befreiung von der Leistungspflicht gleichzeitig auch die Gegenleistungspflicht entfällt, normiert das Gesetz verschiedene Ausnahmen, die den Anspruch aufrechterhalten. Hier kommt § 446 S. 1 in Betracht, der mit der Übergabe der Sache den Gefahrübergang eintreten läßt.

aa) § 446 S.1 läßt mit der Übergabe der Sache die Gefahr des zufälligen Untergangs auf den Käufer übergehen (Preisgefahr). Mit der Übergabe ist dabei die tatsächliche und unmittelbare Besitzverschaffung i.S.d. § 854 I gemeint.

Hinweis: Daß es im Rahmen der Gefahrtragungsregel des § 446 S.1 gerade um die Besitzverschaffung und nicht um die Eigentumsübertragung geht, wird dadurch deutlich, daß mit der Verschaffung des Eigentums der Verkäufer seiner Pflicht aus § 433 I nachgekommen wäre, so daß sich die Frage der Gefahrtragung gar nicht stellen würde und §§ 326, 275 nicht anwendbar wären. Ein dann eintretender Untergang würde nach der Grundregel *casum sentit dominus* zu Lasten des Eigentümers und damit zu Lasten des Käufers gehen[32]. Es geht bei § 446 S. 1 also um eine Übergabe der Kaufsache *vor ihrer Übereignung* an den Käufer.

---

[32] Vgl. Musielak, Grundkurs BGB, Rn. 512.

In der Abwandlung hat K den unmittelbaren Besitz am Drachen erhalten. Ein Eigentumsübergang hat aufgrund der bedingten Einigung gemäß §§ 929 S.1, 158 I, mit der sich V das Eigentum bis zur vollständigen Kaufpreiszahlung vorbehalten hat (Eigentumsvorbehalt), gerade noch nicht stattgefunden.

bb) Des weiteren müßte der Untergang der Sache **zufällig** geschehen sein. Zufällig bedeutet hier, daß weder der Verkäufer noch der Käufer den Untergang zu vertreten haben darf[33]. Hier hat eine starke Windböe den Drachen erfaßt und fortgerissen. Ein Anknüpfungspunkt für ein Einstehenmüssen des V oder des K ist nicht erkennbar.

cc) Gemäß § 446 S.1 ist die Preisgefahr auf K übergegangen. Dies bedeutet, daß K den Kaufpreis in Höhe von 50 Euro an V zahlen muß, obwohl er die ursprünglich gewollte Leistung nicht mehr erhält.

3. Dieser Anspruch ist auch **durchsetzbar.**

II. Ergebnis

V kann in der Abwandlung von K den Kaufpreis in Höhe von 50 Euro gemäß § 433 II verlangen.

---

[33] Jauernig/Chr. Berger, Vor §§ 446-447 Rn. 3 und § 446 Rn. 8.

Fall 5: Zwergkaninchen

▶ **Thema:** Allg. Leistungsstörungsrecht, Gefahrtragung

Viktor (V) ist stolzer Besitzer zweier Zwergkaninchen, die kürzlich Nachwuchs bekommen haben, nämlich ein schwarzes und ein weißes Junges. V möchte diese nicht behalten und veräußert sie daher für jeweils 25 Euro an Klara (K). Da diese auf dem Lande wohnt, kommen beide überein, daß V die Tiere am folgenden Sonntag gegen 13.00 Uhr in einer Pappschachtel liefern soll.

Als V zur vereinbarten Zeit eintrifft, ist K nicht da – sie hat den Termin offenbar vergessen. V wartet erfolglos und fährt dann zurück, wobei er die Kaninchen wieder mitnimmt. Als er zu Hause angekommen ist, hört er schon an der Haustür das Telefon klingeln. Er eilt in die Wohnung und läßt die Schachtel mit den Kaninchen vor der Tür stehen. Nach dem Gespräch kehrt er zurück und muß feststellen, daß sich die Kaninchen, womit angesichts des starken Kartons eher nicht zu rechnen war, befreit haben. Das schwarze Kaninchen kann V einfangen, das weiße bleibt verschwunden.

Mißmutig bringt er das gerettete Tier in das Gehege im Garten, versäumt aber, das Gitter zu schließen, worauf er sonst immer achtet, weil er weiß, daß der Nachbarshund Wotan täglich über den Zaun springt. Es kommt, wie es kommen muß...

Am nächsten Tag teilt V der K den Verlust der Kaninchen mit, macht ihr Vorwürfe wegen ihrer Abwesenheit und verlangt Zahlung. Zu Recht?

I. Anspruch des V gegen K auf Kaufpreiszahlung gemäß § 433 II
1. Anspruch entstanden
2. Anspruch untergegangen?
   a) Voraussetzungen des § 326 I 1
     aa) Gegenseitiger Vertrag
     bb) Leistungsbefreiung gemäß § 275 I-III
   b) Ausnahme: Annahmeverzug, § 326 II 1 2. Alt. i.V.m. §§ 293 ff.
     aa) Ordnungsgemäßes Angebot, §§ 293, 294
     bb) Leistungsvermögen des Schuldners, § 297
     cc) Nichtannahme der Leistung
   c) Vom Schuldner nicht zu vertreten, § 326 II 1 2. Alt.
   d) Haftungsmaßstab, § 300 I: Differenzierung zwischen schwarzem und weißem Kaninchen
   e) Zwischenergebnis
3. Anspruch durchsetzbar?

II. Ergebnis: Anspruch des V gegen K aus § 433 II bzgl. des schwarzen Kaninchens (-), bzgl. des weißen (+)

I. Anspruch des V gegen K auf Kaufpreiszahlung für die Kaninchen gemäß § 433 II

V könnte gegen K einen Anspruch auf Kaufpreiszahlung in Höhe von € 50 für die Zwergkaninchen aus § 433 II haben.

1. Dazu müßte zunächst der Anspruch **entstanden** sein. Die Kaninchen unterfallen gemäß § 90a S. 1 nicht dem Sachbegriff des § 90; die für Sachen geltenden Vorschriften finden aber auf Tiere entsprechende Anwendung, § 90a S. 3. V und K haben einen gültigen Kaufvertrag gemäß § 433 über zwei Zwergkaninchen zu jeweils 25 Euro geschlossen. Der Zahlungsanspruch ist somit zunächst entstanden.

2. Der Anspruch dürfte ferner **nicht untergegangen** sein.

a) Der Anspruch auf Kaufpreiszahlung könnte allerdings gemäß § 326 I 1 erloschen sein.

aa) Bei dem Kaufvertrag handelt es sich unproblematisch um einen gegenseitigen Vertrag, so daß § 326 Anwendung findet.

bb) Weitere Voraussetzung des § 326 I ist die Befreiung des Schuldners von seiner Leistungspflicht gemäß § 275. Sowohl das Verschwinden des weißen Kaninchens als auch der Tod des schwarzen bewirken, daß die Leistungspflicht des V, die gemäß § 433 I dahin ging, der K das Eigentum an den Zwergkaninchen zu verschaffen, gemäß § 275 I erloschen ist. Es liegt Unmöglichkeit vor.

b) Somit würde V seinen Anspruch auf die Kaufpreiszahlung wegen § 326 I 1 1. HS. verlieren.

Jedoch muß berücksichtigt werden, daß K zu dem verabredeten Zeitpunkt nicht zu Hause war, als V ihr die Kaninchen bringen wollte. In systematischer Fortsetzung der Gefahrtragungsregel des § 326 I normiert § 326 II 1 2. Alt. eine Ausnahme von diesem Grundsatz in dem Fall, daß sich der Gläubiger der Leistung (hier K) zu dem Zeitpunkt, in dem die Leistungspflicht gemäß § 275 erlischt, im Verzug der Annahme befand (Gläubigerverzug). Die Anspruchs-erhaltungsnorm bewirkt bei ihrem Vorliegen den Übergang der Preisgefahr auf den Gläubiger[34]. Zu prüfen sind somit die Voraussetzungen des Gläubigerverzugs, die in den §§ 293 ff. normiert sind.

aa) Die Leistung müßte zunächst **ordnungsgemäß angeboten** worden sein, §§ 293, 294.

Ein ordnungsgemäßes Angebot setzt ein Angebot *zur rechten Zeit am rechten Ort* (vgl. §§ 269 ff.) in der *rechten Qualität* (vgl. § 243 I) und in der *rechten Art und Weise* (§§ 294 ff.) voraus. V hat hier im Rahmen der mit K vereinbarten Bringschuld die Kaninchen tatsächlich und

---

[34] Vgl. dazu ausführlich Fall 3 in diesem Skript.

46

unter Beachtung aller getroffenen Absprachen (*„so, wie sie zu bewirken ist"*) angeboten, so daß es für das Austauschgeschäft nur noch der Mitwirkung, d.h. der Annahme durch K bedurft hätte, §§ 293, 294. Ein ordnungsgemäßes Angebot ist somit zweifellos gegeben.

bb) Darüber hinaus müßte der Schuldner auch imstande gewesen sein, zum Zeitpunkt des Angebots **die Leistung zu bewirken**, § 297. Das Erfordernis des Leistungsvermögens bzw. der Leistungsbereitschaft des Schuldners ist nötig, damit es nicht zu einer unbilligen Risikoverteilung zu Lasten des Gläubigers kommt[35]. Hier ist das Leistungsvermögen des V gegeben.

cc) K hat die Leistung nicht angenommen, so daß die Voraussetzungen des Annahmeverzugs gemäß §§ 293 ff. vorliegen.

Beachte: Der Gläubigerverzug ist *verschuldensunabhängig*, vgl. Fall 3 in diesem Skript. Es kommt also nicht darauf an, warum K zum vereinbarten Termin die Ware nicht angenommen hat. Ein eventuell fehlendes Verschulden schließt den Annahmeverzug gerade nicht aus[36].

Der Annahmeverzug der K bewirkt, daß die Gegenleistungsgefahr auf sie übergegangen ist, § 326 II 1 2. Alt. i.V.m. §§ 293 ff.

c) Trotz des Verzugs der K darf der V jedoch den Umstand, aufgrund dessen er nicht zu leisten braucht, nicht zu vertreten haben, § 326 II 1 2. Alt. Das Vertretenmüssen richtet sich grundsätzlich nach § 276 I 1, der Vorsatz und Fahrlässigkeit als Maßstab der Haftung festlegt, solange im Gesetz keine strengere oder mildere Haftung vorgesehen ist.

---

[35] Vgl. Bamberger/Roth/Unberath, § 297 Rn. 1.
[36] Jauernig/Stadler, § 293 Rn. 4.

Im Rahmen des Gläubigerverzugs kommt dem Schuldner allerdings eine Haftungserleichterung dergestalt zugute, daß er während des Verzugs seines Gläubigers nur *Vorsatz und grobe Fahrlässigkeit* zu vertreten hat, § 300 I.

d) Vorliegend muss hinsichtlich der Haftung differenziert werden: V hat laut Sachverhalt bei seiner Rückkehr von K den Karton, aus dem sich die Kaninchen befreit haben, vor die Haustür gestellt. Vorsatz kann dem V nicht vorgeworfen werden. In Betracht kommt daher lediglich ein Fahrlässigkeitsvorwurf, der denjenigen in Haftung nimmt, der die im Verkehr erforderliche Sorgfalt außer acht läßt, § 276 II.

> Die im Verkehr erforderliche Sorgfalt, die von einem objektiven Maßstab ausgeht, wird dabei **nach dem Urteil eines umsichtigen und besonnenen Angehörigen des jeweiligen Verkehrskreises** bestimmt[37].

V hat den Karton mit den Kaninchen wegen eines eiligen Telefonats vor die Tür gestellt und ohne Aufsicht gelassen. Von einem objektiven Maßstab ausgehend, hätte man erwarten können, daß V den Karton zumindest in das Haus mitnimmt, zumal er sich doch bereits im Eingangsbereich befand. Dort wären die Kaninchen bei ihrer Befreiung aus dem Karton weiterhin auffindbar. Dementsprechend ist hier gut vertretbar, dem V im Hinblick auf das verschwundene weiße Kaninchen leichte Fahrlässigkeit vorzuwerfen mit der Folge, daß er eigentlich keinen Anspruch auf die Gegenleistung hätte.

Hier greift nun allerdings die im Annahmeverzug geltende **Haftungserleichterung des § 300 I** Platz, die den Haftungsmaßstab auf *Vorsatz und grobe Fahrlässigkeit* beschränkt, s.o.

---

[37] Jauernig/Stadler, § 276 Rn. 29.

> **Grobe Fahrlässigkeit** ist nicht legal definiert. Sie bedeutet in Anlehnung an die Definition der einfachen Fahrlässigkeit i.S.d § 276 II das Außerachtlassen der im Verkehr erforderlichen Sorgfalt in einem besonders schweren und ungewöhnlichen Maß[38].

Die Gegenprobe für das Vorliegen dieses Vorwurfs kann insbesondere dadurch vorgenommen werden, daß bei einem Handeln ein Umstand nicht beachtet wird, der sich geradezu jedem aufgedrängt hätte[39].

Der Sachverhalt erklärt deutlich, daß der Karton aus einem festen Material bestand und daß mit einer selbständigen Befreiung der Kaninchen nicht zu rechnen war. Vor diesem Hintergrund hat V bei dem Abstellen des Kartons vor seiner Haustür nicht grob fahrlässig gehandelt, sondern es trifft ihn allenfalls der Vorwurf leichter Fahrlässigkeit, für die er aber gemäß § 300 I nicht einzustehen hat.

Bezüglich des zunächst eingefangenen, später aber dem Hund Wotan zum Opfer gefallenen schwarzen Kaninchens kommt V zwar ebenfalls die Haftungserleichterung des § 300 I zugute, jedoch trifft ihn hier der Vorwurf der *groben Fahrlässigkeit,* da er es versäumt hat, das Gitter zu schließen, obwohl er von dem täglichen Verhalten des Nachbarshundes wußte. Somit kommt man aufgrund der verschiedenen Verschuldensgrade zu einer differenzierten Betrachtung.

e) Zwischenergebnis: Der Anspruch auf den Kaufpreis ist hinsichtlich des schwarzen Zwergkaninchens gemäß § 326 I 1 1. HS. untergegangen. V trägt hier die Gegenleistungsgefahr.

---

[38] Bamberger/Roth/Unberath, § 276 Rn. 19.
[39] Vgl. aus der ständigen Rechtsprechung nur BGHZ 77, 276.

Hinsichtlich des weißen Kaninchens bleibt jedoch der Anspruch aufgrund der Anspruchserhaltungsnorm des § 326 II 1 2. Alt. bestehen, da durch den Annahmeverzug die Preisgefahr auf die K übergegangen ist.

3. Dieser Anspruch ist auch durchsetzbar.

II. Ergebnis

V hat gegen K bezüglich des weißen Zwergkaninchens einen Anspruch auf den Kaufpreis in Höhe von 25 Euro gemäß § 433 II.

Fall 6: Schwimmen statt Warten

▸ **Thema:** Schuldnerverzug

U möchte in den Urlaub fahren. Da er für die Dauer seiner Abwesenheit sein Auto nicht an der Straße abstellen will, wie er es sonst immer tut, fragt er seinen Bekannten V, der noch Platz in seiner Garage hat, ob er das Auto bei ihm unterstellen könne. V ist einverstanden und will für diesen Freundschaftsdienst auch nichts verlangen; er müsse ja schließlich gar nichts tun. U ist darüber hocherfreut.

Als U das Auto zu V bringt, teilt er ihm mit, daß er am 14. August aus dem Urlaub zurückkomme und sein Auto am nächsten Tag abholen wolle, weil er es dann für eine dringende geschäftliche Fahrt benötige. Daraufhin vereinbaren beide, daß U am 15. August um 10.00 Uhr zu V kommen soll, um sein Auto abzuholen.

Der 15. August ist ein sehr heißer Tag. V überlegt sich daher morgens um 9.00 Uhr, doch lieber zum Schwimmen zu gehen als auf den U zu warten. Dementsprechend steht U eine Stunde später vor verschlossener Tür. Zu seinem Geschäftstermin kann er infolgedessen nur noch mit dem Taxi gelangen, wodurch ihm Kosten in Höhe von 35 Euro entstehen.

Am Abend des 15. August schließlich entlädt sich die Hitze in einem starken Gewitter. Dabei schlägt der Blitz in die Garage des V ein, und der Wagen des U wird völlig zerstört. U verlangt von V Ersatz der Taxikosten und Schadensersatz für sein Auto, das immerhin noch 15.000 Euro wert war. V fragt seinen Neffen N, der im 2. Semester Jura studiert, ob er zahlen müsse. N meint, das sei nicht der Fall: Verzug sei noch nicht eingetreten, da U nicht gemahnt habe, und selbst wenn V sich schon im Verzug befunden haben sollte, so könne er jedenfalls nicht für das Gewitter haftbar gemacht werden, das sei höhere Gewalt. Sind die Rechtsauskünfte des N richtig oder bestehen die von U geltend gemachten Ansprüche doch?

I. Anspruch des U auf Ersatz der Taxikosten aus §§ 280 I, II, 286
1. Verzug bzgl. der Rückgabepflicht aus § 695; Voraussetzungen:
a) Möglichkeit der Leistung (+)
b) Durchsetzbarkeit der Forderung (+)
c) Fälligkeit (+)
d) Mahnung, hier entbehrlich nach § 286 II Nr. 1
e) Vertretenmüssen (+)
2. Rechtsfolge: Ersatz des Verzugsschadens in Form der Taxikosten (+)

II. Anspruch des U auf Schadensersatz für das zerstörte Fahrzeug aus §§ 280 I, II, 286
1. Verzugsvoraussetzungen (-), da Möglichkeit der Leistung (-), denn das Fahrzeug ist zerstört
2. Ergebnis: Anspruch (-)

III. Anspruch des U auf Schadensersatz für das zerstörte Fahrzeug aus §§ 280 I, III, 283
1. Schuldverhältnis (+)
2. Freiwerden des Schuldners nach § 275 I-III (+)
3. Pflichtverletzung: (+), liegt bereits in der bloßen Nichtleistung
4. Vertretenmüssen: (+) wegen Haftungsverschärfung des § 287
5. Ergebnis: Anspruch auf Schadensersatz i.H.v. 15.000 Euro

I. Anspruch des U gegen V auf Ersatz der Taxikosten aus §§ 280 I, II, 286

1. Für einen solchen Anspruch müßte sich V mit einer Leistungspflicht im Verzug befunden haben. In Betracht kommt hier insoweit die Pflicht zur Rückgabe einer hinterlegten Sache gemäß § 695. Diese Pflicht bestünde für den V dann, wenn zwischen ihm und U ein **Verwahrvertrag** gemäß § 688 abgeschlossen worden wäre. Dies könnte jedoch fraglich erscheinen, da zumindest auf seiten des V ein entsprechender **Rechtsbindungswille** angezweifelt werden könnte. Aufgrund der für V erkennbaren Wichtigkeit der Angelegenheit für U und wegen des noch recht hohen Werts des Fahrzeugs muß ein solcher hier jedoch angenommen werden[40].

---

[40] Vgl. zu den Prüfungskriterien für das Vorliegen eines Rechtsbindungswillens ausführlich Fall 2 in diesem Skript.

Aus dem Verwahrvertrag resultierte für V die Pflicht zur Rückgabe des Fahrzeugs (§ 695). Mit dieser Pflicht wäre er dann im Verzug, wenn die entsprechenden Voraussetzungen vorliegen würden.

Die Voraussetzungen des Schuldnerverzuges sind[41]:
- Möglichkeit der Leistung
- Durchsetzbarkeit der Forderung
- **Fälligkeit der Forderung**
- **Mahnung (soweit nicht entbehrlich)**
- **Vertretenmüssen**

Hinweis: Besonderer Beachtung bedürfen in der Regel nur die letzten drei Punkte. Die beiden ersten sollten aber zumindest gedanklich überprüft und im Lösungstext kurz erwähnt werden, was, sofern hier keine Probleme vorliegen, durchaus auch zusammen erfolgen kann.

---

a) Die Rückgabe des Fahrzeugs müßte dem V möglich sein. Zwar ist es inzwischen zerstört worden, so daß Unmöglichkeit eingetreten ist, doch kommt es insoweit auf den Zeitpunkt des Schadenseintritts an[42]. Als die Taxikosten bei U angefallen sind, wäre dem V die Leistung noch möglich gewesen.

b) Zweifel an der Durchsetzbarkeit der Forderung bestehen nicht.

c) Der Anspruch des U auf Rückgabe seines Autos war auch fällig, da der vereinbarte Zeitpunkt gekommen war[43].

d) Weiterhin müßte U den V gemahnt haben. Das ist laut Sachverhalt nicht geschehen.

---

[41] Vgl. Musielak, Grundkurs BGB, Rn. 439.
[42] Vgl. Hk-BGB/Schulze, § 286 Rn. 5.
[43] Gemäß § 695 Satz 1 kann der Hinterleger die hinterlegte Sache überdies jederzeit zurückfordern, auch wenn für die Aufbewahrung eine Zeit bestimmt ist.

Indes könnte die Mahnung hier nach § 286 II Nr. 1 entbehrlich sein. Das wäre dann der Fall, wenn für die Leistung eine Zeit nach dem Kalender bestimmt worden wäre. Vorliegend haben U und V vereinbart, daß U sein Auto am auf den 14. August folgenden Tag um 10.00 Uhr vormittags abholen sollte. Damit war der Leistungszeitpunkt nach dem Kalender bestimmt und eine Mahnung gemäß § 286 II Nr. 1 entbehrlich.

Beachte: Für eine Entbehrlichkeit der Mahnung nach § 286 II Nr. 1 ist nicht erforderlich, daß der Leistungstermin explizit benannt ist („am 15. August"); es reicht vielmehr aus, wenn **bei Vertragsschluß kalendermäßig eindeutig bestimmbar** ist, bis zu welchem Zeitpunkt die Leistung spätestens erbracht sein muß[44].

---

e) Schließlich müßte V die Verzögerung der Leistung zu vertreten haben. Der Schuldner hat gemäß § 276 I 1 grundsätzlich Vorsatz und Fahrlässigkeit zu vertreten. Vorliegend ist V bewußt zum Schwimmen gegangen und hat die Leistung somit absichtlich nicht zum vereinbarten Zeitpunkt erbracht. Er handelte mithin vorsätzlich.

2. Rechtsfolge: Da die entsprechenden Voraussetzungen vorliegen, muß V dem U die kausal auf der Verzögerung der Leistung basierenden Schäden ersetzen, d.h., er muß den U so stellen, wie dieser stünde, wenn rechtzeitig geleistet worden wäre. Dann wären dem U die Taxikosten nicht entstanden, so daß er diese als Verzögerungsschaden von V ersetzt verlangen kann.

---

[44] Vgl. Brox/Walker, Allgemeines Schuldrecht, § 23 Rn. 15; Bamberger/Roth/Unberath, § 286 Rn. 30.

II. Anspruch des U auf Schadensersatz für das zerstörte Fahrzeug aus §§ 280 I, II, 286

1. Die Voraussetzungen für einen solchen Anspruch (siehe dazu im einzelnen oben) liegen nicht vor, weil es schon an der **Möglichkeit der Leistung** mangelt. Inzwischen ist nämlich Unmöglichkeit eingetreten, die dem Verzug schon begrifflich vorgeht: Im Verzug kann der Schuldner nur mit einer Leistung sein, die ihm möglich ist. Anderenfalls erlischt die Leistungspflicht ja gerade nach § 275 I-III[45].

2. Ergebnis: Aus dem Gesichtspunkt des Verzuges kann U von V keinen Schadensersatz für die Zerstörung seines Fahrzeuges verlangen.

Hinweis: Hier wäre es grob fehlerhaft, einen Verzögerungsschaden anzunehmen, denn der Verzug wird durch die Unmöglichkeit beendet. Innerhalb der Prüfung kann dies an der Verzugsvoraussetzung der „Möglichkeit der Leistung" festgemacht werden.

Zu beachten ist demzufolge, daß nicht jeder Schaden, der sich in irgendeiner Form kausal auf die Verzögerung einer Leistung zurückführen läßt (und das ist hier der Fall: Hätte V den Wagen um 10.00 Uhr zurückgegeben, wäre er am Abend nicht durch den Blitzschlag zerstört worden), auch einen Verzögerungsschaden darstellt. Vielmehr müssen die Verzugsvoraussetzungen vorliegen. Die Kausalität der Leistungsverzögerung für einen Schaden ist demnach zwar notwendige, nicht aber hinreichende Bedingung für seine Qualifikation als Verzögerungsschaden.

---

[45] Vgl. MünchKomm/Ernst, § 286 Rn. 33; zum Erlöschen der Leistungspflicht siehe oben, Fall 3.

III. Anspruch des U auf Schadensersatz für das zerstörte Fahrzeug aus §§ 280 I, III, 283

1. Ein Schadensersatzanspruch aus § 280 setzt zunächst ein Schuldverhältnis voraus. Ein solches besteht hier zwischen U und V in Gestalt des Verwahrungsvertrages.

2. Aus § 283 ergibt sich darüber hinaus als weitere Anspruchsvoraussetzung das **Freiwerden des Schuldners nach § 275 I-III**. Vorliegend ist das Auto zerstört, so daß Unmöglichkeit der Rückgabe eingetreten und V folglich gem. § 275 I von seiner entsprechenden Verpflichtung befreit ist.

3. Bezüglich der nach § 280 I 1 erforderlichen **Pflichtverletzung** ist fraglich, ob diese bereits in der bloßen Nichtleistung infolge Unmöglichkeit zu erblicken ist oder ob die Unmöglichkeit ihrerseits durch ein pflichtwidriges Verhalten des Schuldners verursacht worden sein muß[46]. Dabei verdient die erstgenannte Auslegung den Vorzug[47], denn der Gesetzgeber hat durch den in § 283 enthaltenen Verweis auf § 280 eindeutig klargestellt, daß schon allein in der unmöglichkeitsbedingten Nichtleistung eine Pflichtverletzung zu erblicken ist[48]. Die Gegenansicht verwischt überdies die Grenzen zwischen der Verletzung einer Leistungspflicht und dem Verschulden, denn erst dort wird die Frage relevant, ob der Schuldner die Unmöglichkeit zu vertreten hat und deshalb schadensersatzpflichtig ist oder nicht.

4. Fraglich ist, ob V seine Pflichtverletzung auch **zu vertreten** hat, was Voraussetzung für einen Schadensersatzanspruch wäre. Im Verwahrvertrag kommt dem Verwahrer zwar grundsätzlich das Haftungsprivileg des § 690 zu: Er haftet nur für *diligentia quam in suis*, also gem. §§ 276, 277 für Vorsatz und grobe Fahrlässigkeit.

---

[46] Vgl. MünchKomm/Ernst, § 283 Rn. 4.
[47] Ebenso auch Palandt/Heinrichs, § 280 Rn. 13; Hk-BGB/Schulze, § 283 Rn. 1; Jauernig/Stadler, § 280 Rn. 8; MünchKomm/Ernst, a.a.O.
[48] Brox/Walker, Allgemeines Schuldrecht, § 22 Rn. 51.

Vorliegend kann V nichts für den Blitzschlag („höhere Gewalt"), so daß nach dem Maßstab der §§ 690, 276, 277 ein Verschulden seinerseits zu verneinen wäre.

Jedoch ist zu berücksichtigen, daß sich V zum Zeitpunkt des Eintritts der Unmöglichkeit im Verzug befand (s.o.). Dieser bringt eine **Haftungsverschärfung nach § 287** mit sich, die der Haftungsprivilegierung des § 690 vorgeht: V muß für jede Fahrlässigkeit und sogar auch für **Zufall** haften. Der Begriff des Zufalls umfaßt dabei auch Fälle sog. „höherer Gewalt". Da keine Anhaltspunkte dafür bestehen, daß das Fahrzeug auch bei rechtzeitiger Leistung zerstört worden wäre (vgl. § 287 Satz 2 am Ende), ist somit Verschulden des V zu bejahen.

Hinweis: Durch die mit ihm verbundene Haftungsverschärfung spielt der Verzug also doch noch eine Rolle im Rahmen des Schadensersatzanspruches wegen der Zerstörung des Fahrzeugs, auch wenn er hinsichtlich dieses Schadens als Anspruchsgrundlage nicht in Betracht kommt. Machen Sie sich an dieser Stelle die zwei Funktionen des Verzuges klar: Zum einen kann aus ihm gem. § 280 I, II, 286 ein Anspruch auf Ersatz des Verzögerungsschadens resultieren („Verzug als Anspruchsgrundlage"), zum anderen kann er gemäß § 287 im Rahmen anderer Ansprüche zu einer **Modifikation des Haftungsmaßstabes** führen, wenn dort das Vertretenmüssen des Schuldners zu einem Zeitpunkt relevant ist, in dem er sich in Verzug befindet („Verzug als Haftungsverschärfung").

---

5. Ergebnis: Die Voraussetzungen eines Anspruchs auf Schadensersatz nach §§ 280 I, III, 283 liegen somit vor, so daß V den U gemäß §§ 249 ff. so zu stellen hat, wie er stünde, wenn ordnungsgemäß geleistet worden wäre. Dann wäre das Fahrzeug nicht zerstört worden, so daß U dessen vollen Wert in Höhe von 15.000 Euro von V ersetzt verlangen kann.

Fall 7: Die sparsame Waschmaschine

▶ **Thema:** Kaufrecht, Rücktritt

Konstanze Kahl (K) möchte ihre Wasser- und Strom-
rechnung auf Dauer dadurch reduzieren, daß sie ihre alte
Waschmaschine gegen eine neue, allen Anforderungen des
Umweltschutzes gerecht werdende austauschen will. Da sie
bei näheren Erkundigungen über die doch recht hohen
Preise der besonders energiesparenden Waschmaschinen
stolpert, erfreut es sie um so mehr, als sie im Prospekt des
Haushaltswarengeschäfts „Hausrat" (H) eine recht günstige
Maschine im Sonderangebot findet. Im Geschäft wendet
sich K daher an den Verkäufer V mit der Bitte um
Beschreibung der Eigenschaften und Fähigkeiten der
Waschmaschine, da sie die hohen Wasserkosten ihrer alten
leid sei. V gibt ihr zu verstehen, daß die Waschmaschine
allen Bedürfnissen hinsichtlich eines modernen Wasch-
automats gerecht wird und als letztes Stück einer nun nicht
mehr weitergeführten Serie in jeder Hinsicht zu empfehlen
sei. K kauft die Waschmaschine zum Preis von 420 Euro.

Schon in den ersten drei Monaten stellt die K jedoch fest,
daß die hervorragende Wasch- und Schleuderleistung der
Maschine zu Lasten der Energieeinsparung geht. Der
Verbrauch ist bei gleicher Waschintensität deutlich höher als
erwartet. Als K die Maschine zum Haushaltswarengeschäft
zurückbringt und den Kaufpreis zurückverlangt, weist man
sie recht schnell damit zurück, daß die Waschmaschine von
ihrer Grundkonzeption her gar nicht auf eine Energiesparfunktion, sondern auf Leistungseffizienz ausgerichtet
sei. Im übrigen seien weiterführende Erörterungen vor dem
Hintergrund fehl am Platz, daß bei den Sonderangeboten
erkennbar durch einen Aushang jegliche Ansprüche
ausgeschlossen und selbst die Vorschriften für den
Verbrauchsgüterkauf abbedungen seien.

Kann K vom Kaufvertrag zurücktreten?

58

I. **Anspruch der K gegen H aus §§ 346 I i.V.m. 437 Nr. 2, 434 I, 323 I, 326 V**
1. Kaufvertrag?
   a) Vertretung durch V, § 164 (+)
   b) Zwischenergebnis: Kaufvertrag gemäß § 433 (+)
2. Mangel der Kaufsache
   a) Sachmangel, § 434 I 1 (+)
   b) Mangel im Zeitpunkt des Gefahrübergangs, § 446 I
   c) Kenntnis des Käufers, § 442 I
3. Rechtsfolgen der Mangelhaftigkeit, § 437
   a) Rücktritt gemäß § 437 Nr. 2
   b) Angemessene Frist
   c) Ausnahme von dem Fristsetzungserfordernis gemäß § 326 V
   d) Unmöglichkeit der Nacherfüllung, §§ 275, 326 V
   e) Erheblichkeit des Mangels, § 323 V 2
4. Haftungsausschluß
5. Rechtsfolge, §§ 346 ff.

II. **Ergebnis:** Anspruch der K gegen H aus §§ 346 I i.V.m. 437 Nr. 2, 434 I, 323 I, 326 V (+)

I. Anspruch der K gegen H aus §§ 346 I i.V.m. 437 Nr. 2, 434 I, 323 I, 326 V

K begehrt hier den Rücktritt vom Kaufvertrag, um ihren gezahlten Kaufpreis von 420 Euro zurückzuerlangen. Da sie sich den Rücktritt nicht vertraglich vorbehalten hat (vgl. § 346 I 1. Alt.), kommt nur ein *gesetzliches Rücktrittsrecht* in Betracht. Dies könnte sich für K möglicherweise aus etwaigen Gewährleistungsrechten aus einem Kaufvertrag mit H gemäß §§ 346 I i.V.m. 437 Nr. 2, 434 I, 323 I, 326 V ergeben.

Hinweis: Verlangt der Käufer den Kaufpreis zurück, taucht immer wieder die **Frage des Verhältnisses der Sachmängelgewährleistung zur Anfechtung** auf. Man könnte insbesondere bei der Auslegung des Begehrens des Käufers in einem solchen Fall auf die Idee verfallen, den Kaufvertrag gemäß § 119 II wegen Irrtums über eine verkehrswesentliche Eigenschaft (hier die Energiesparfunktion der Waschmaschine) anzufechten, und zwar mit der Folge der *ex-tunc*-Nichtigkeit i.S.d. § 142 I. Dies hängt auch damit zusammen, daß sowohl der Rücktritt als auch die Anfechtung Gestaltungsrechte sind, die als solche lediglich einer Erklärung bedürfen, §§ 143 I, 349.

Grundsätzlich ist nach allgemein herrschender Meinung eine Anfechtung ausgeschlossen, wenn es sich bei der verkehrswesentlichen Eigenschaft gerade um den Mangel i.S.d. § 434 handelt. Dies aufgrund der Überlegungen, daß auf der einen Seite das Fristsetzungserfordernis (Recht des Verkäufers zur Nacherfüllung) und die Einschränkung des § 442 I 2 umgangen werden, und daß auf der anderen Seite unterschiedliche Verjährungsfristen[49] bestehen, wobei das letzte Argument bei näherer Betrachtung des neuen Verjährungsrechts seit der Schuldrechtsmodernisierung allerdings an Gewicht verloren hat. Eine Anfechtung mit dem Anfechtungsgrund des § 123 I ist dagegen zur Verhinderung einer etwaigen Privilegierung des Täuschenden weiterhin möglich.

Dieser Exkurs sollte in der Klausur nur dann angesprochen werden, wenn der Sachverhalt dies anlegt. Hier sind Erörterungen nicht anzustellen, da die Fallfrage eindeutig auf den *Rücktritt* abzielt.

---

[49] Gestaltungsrechte unterliegen nicht der Verjährung, da es sich nicht um Ansprüche handelt (vgl. § 194 I). Zum einen kann ihre Geltendmachung aber an eine Frist gebunden sein (so bei der Anfechtung, vgl. §§ 121, 124), und zum anderen kann eine Koppelung an die Verjährung des ihnen zugrundeliegenden Primär- bzw. Nacherfüllungsanspruchs erfolgen (so im Falle des Rücktritts wegen nicht oder nicht vertragsgemäß erbrachter Leistung, vgl. §§ 438 IV, 218; diese Regelung gilt im übrigen auch für die nunmehr ebenfalls als Gestaltungsrecht konstruierte Minderung, vgl. §§ 438 V, 218). Siehe dazu Brox/Walker, Bes. Schuldrecht, § 4 Rn. 131 ff.

1. Zu den Anspruchsvoraussetzungen gehört das Bestehen eines gültigen Kaufvertrages zwischen K und H gemäß § 433.

> **Hinweis:** Es können streng logisch erst dann Gewährleistungsrechte geltend gemacht werden, wenn ein gültiger Kaufvertrag vorliegt und der Verkäufer dem Käufer eine mangelhafte Sache verschafft hat.

Zu prüfen ist also das Bestehen eines gültigen Kaufvertrages zwischen K und H gemäß § 433.

a) K hat hier ausschließlich mit dem Verkäufer V über den Kauf einer Waschmaschine gesprochen. Um die Rechtswirkungen für eine Berechtigung oder Verpflichtung des H auszulösen, muß V als dessen *Vertreter* aufgetreten sein, § 164. Für eine wirksame Stellvertretung setzt § 164 I voraus, daß der Vertreter eine *eigene Willenserklärung im Namen des Vertretenen* abgegeben und dabei *mit Vertretungsmacht* gehandelt hat. Diese Voraussetzungen sind unproblematisch gegeben; insbesondere handelte V trotz fehlendem ausdrücklichen Hinweis im fremden Namen, da es hier ersichtlich um den Abschluß eines unternehmensbezogenen Geschäfts geht. V hat H wirksam vertreten, so daß seine Erklärungen unmittelbar für und gegen diesen wirken, § 164 I.

b) Ein Kaufvertrag zwischen K und H über eine Waschmaschine zu einem Kaufpreis von 420 Euro ist also wirksam zustande gekommen.

2. Der Verkäufer einer Sache, so stellt es § 433 I 2 nunmehr deutlich klar, ist verpflichtet, dem Käufer die Sache frei von Sach- und Rechtsmängeln zu verschaffen. Ist die Sache mit einem solchen Mangel behaftet, so liegt eine Pflichtverletzung vor, die die in der Verweisungsnorm des § 437 aufgeführten Rechte des Käufers auslösen kann. § 437 gibt somit selbst den Prüfungsablauf vor, indem er das Vorliegen eines Sach- oder Rechtsmangels (§§ 434, 435) zur Voraussetzung macht. In Betracht könnte hier ein Sachmangel i.S.d. § 434 I kommen.

a) § 434 I 1 normiert, daß eine Sache frei von Sachmängeln ist, wenn sie bei Gefahrübergang die vereinbarte Beschaffenheit hat. Durch das grundsätzliche Abstellen auf die Parteivereinbarung kehrt der bereits vor der Schuldrechtsreform maßgebliche **subjektive Fehlerbegriff** wieder und läßt somit eine Differenzierung zwischen Fehler und zugesicherter Eigenschaft obsolet werden.

Das BGB definiert zwar den Begriff der Beschaffenheit nicht, es ist aber allgemein anerkannt, daß zur Beschaffenheit einer Sache nicht nur ihre natürlichen Eigenschaften, sondern auch ihre Verhältnisse zur Umwelt zählen[50].

Für den Begriff des Sachmangels ergibt sich somit die bekannte Definition: Die Kaufsache ist dann mit einem Mangel behaftet, wenn ihre **Istbeschaffenheit** von der **Sollbeschaffenheit** abweicht, wobei bereits geringfügige Abweichungen ausreichen[51]. Zur Beschaffenheit einer Waschmaschine zählt zweifelsohne ihr Wasser- und Energieverbrauch. Dieser sollte nach der Vorstellung der K möglichst gering sein; im Ergebnis ist die Maschine eher auf Leistung als auf Energieeinsparung ausgerichtet, so daß die Soll- von der Istbeschaffenheit abweicht.

Um einen Sachmangel i.S.d. § 434 I 1 anzuerkennen, kommt es folglich auf die Frage an, ob eine Beschaffenheitsvereinbarung ausdrücklich oder zumindest konkludent Inhalt des Kaufvertrages geworden ist. Fraglich ist nunmehr, ob sich die Vorstellungen der Parteien konkret auf das Merkmal der Energieeinsparung bezogen haben.

---

[50] Vgl. nur Jauernig/Chr. Berger, § 434 Rn. 6.
[51] Jauernig/Chr. Berger, § 434 Rn. 8, 11.

K hat beim Verkaufsgespräch mit V deutlich herausgestellt, daß es ihr hinsichtlich der Kaufentscheidung insbesondere auf die Energieeinsparung ankommt. V hat allerdings dieses Merkmal nicht ausdrücklich angesprochen. Vielmehr hat er lediglich die allgemeine Brauchbarkeit der Waschmaschine hervorgehoben. Es ist aber nicht erforderlich, daß der Verkäufer einer Sache ausdrücklich das Vorliegen einer Eigenschaft zusichert, sondern es genügt, daß er dies konkludent zum Ausdruck bringt und die Kaufentscheidung beeinflußt[52].

V hat der K die insgesamt positiven Eigenschaften der Waschmaschine dargestellt und diese als eine allen Anforderungen genügende und in jeder Hinsicht zu empfehlende Maschine angepriesen. Dies hat erheblich zum Kaufentschluß bei K beigetragen. Folglich werden die Äußerungen des V Inhalt der Beschaffenheitsvereinbarung und wirken gemäß § 164 I gegen H. Die Waschmaschine als Kaufsache hat somit einen Mangel i.S.d. § 433 I 1.

Hinweis: Wenn es problematisch ist, ob eine (ausdrückliche oder konkludente) Beschaffenheitsvereinbarung vorliegt oder nicht, kann an dieser Stelle das abgestufte System der Prüfung eines Sachmangels i.S.d. § 434 hilfreich sein. So stellt § 434 I 2 Nr. 1 zunächst auf die nach dem Vertrag vorausgesetzte, § 434 I 2 Nr. 2 sodann lediglich auf die gewöhnliche Verwendung ab. Deswegen kann man sich in der Klausur oft damit behelfen, daß man einen Sachmangel zumindest nach einer in ihrem Anwendungsbereich weitergehenden Katalognummer bejahen kann. Dies macht es allerdings nicht entbehrlich, sich argumentativ damit auseinanderzusetzen.

---

b) § 434 I setzt für die Anwendbarkeit der Gewährleistungs-rechte voraus, daß der Mangel **im Zeitpunkt des Gefahr-übergangs** vorliegen muß. Der Gefahrübergang erfolgt

---

[52] Jauernig/Chr. Berger, § 434 Rn. 10.

gemäß § 446 S. 1 mit der Verschaffung des unmittelbaren Besitzes (§ 854 I) der Kaufsache zum Zwecke der Erfüllung der Verkäuferpflicht (§ 929 S.1). Zu diesem Zeitpunkt bestand der Mangel hier bereits.

c) Der Mangel war der K bei Abschluß des Kaufvertrages nicht bekannt und ihre Unkenntnis beruhte auch nicht auf grober Fahrlässigkeit, vgl. § 442 I.

3. Durch die Lieferung der mit einem Mangel behafteten Waschmaschine hat H eine **Pflichtverletzung** i.S.d. § 433 I 2 begangen, die die Rechte der K als Käuferin gemäß § 437 auslöst.

§ 437 beinhaltet Rechtsgrundverweisungen sowohl in das allgemeine Leistungsstörungsrecht als auch in die Normen des Kaufrechts, jeweils abhängig vom Begehren des Käufers. Insgesamt kann der Käufer bei der Mangelhaftigkeit der Kaufsache die Nacherfüllung verlangen, vom Kaufvertrag zurücktreten, den Kaufpreis mindern oder Schadensersatz verlangen.

a) Laut Sachverhalt möchte K vom Kaufvertrag zurücktreten und den gezahlten Kaufpreis von 420 Euro zurückerhalten. Dies könnte sie grundsätzlich gemäß §§ 437 Nr. 2 i.V.m. 440, 323 I, 326 V erreichen. Es sind hier folglich die Voraussetzungen für den Rücktritt zu prüfen.

b) Die Verweisung des § 437 Nr. 2 auf § 323 I macht deutlich, daß das Kaufrecht auch hier am Maßstab des allgemeinen Leistungsstörungsrechts zu messen ist.

Die erforderliche Pflichtverletzung für den Rücktritt liegt bereits in der Lieferung der mangelhaften Waschmaschine, § 433 I 2, s.o. Allerdings lassen die durch die Schuldrechtsreform geänderten Normen erkennen, daß der Käufer dem Verkäufer zunächst die Gelegenheit der Nacherfüllung geben muß, bevor er weitere Rechte geltend machen will.

> **Hinweis:** Dieser **Vorrang des Nacherfüllungsanspruchs** ist als solcher nicht einzeln formuliert, sondern findet sich u.a. in den §§ 323 I, 281 I, und zwar in Gestalt des dort jeweils niedergelegten Fristsetzungserfordernisses.

Das hier zu prüfende Rücktrittsbegehren der K erfordert dementsprechend nach § 323 I, daß sie dem H erfolglos eine angemessene Frist zur Nacherfüllung bestimmt hat. Dieses Recht des Verkäufers zur zweiten Andienung soll diesem die Möglichkeit zur Abwendung des Rücktritts gewähren, um wirtschaftliche Nachteile zu vermeiden[53]; der Verkäufer hat folglich eine Abwendungsbefugnis.

K hat dem H keine Frist gesetzt. Um vom Vertrag zurückzutreten, müßte sie folglich erst eine angemessene Frist setzen.

c) Allerdings berücksichtigt das Gesetz auch die Fälle, in denen eine Fristsetzung entbehrlich ist. Neben den Ausnahmetatbeständen des § 323 II müssen die §§ 440, 326 V beachtet werden, auf die der § 437 Nr. 2 ausdrücklich verweist. Hier wird gerade die durch die Schuldrechtsreform neu eingeführte Verknüpfung des Sachmängelgewährleistungsrechts mit dem allgemeinen Leistungsstörungsrecht deutlich. Die Ausnahmen der §§ 323 II, 440 sind hier offensichtlich nicht einschlägig. Vielmehr kommt § 326 V in Betracht.

Die Waschmaschine ist als letztes Stück einer auf dem Markt auslaufenden Serie laut Sachverhalt von ihrer Grundkonzeption her insgesamt auf Leistungseffizienz ausgerichtet und nicht anhand ihrer Energiesparfunktion zu messen. § 326 V normiert nunmehr, daß für den Fall, daß der Schuldner seine Leistung aufgrund des § 275 nicht zu erbringen braucht, der Gläubiger zurücktreten kann, und zwar mit der Maßgabe, daß die nach § 323 I erforderliche Fristsetzung entbehrlich ist. Zu prüfen ist somit die Frage, ob

---

[53] Brox/Walker, Besonderes Schuldrecht, § 4 Rn. 50.

der Nacherfüllungsanspruch *unmöglich* geworden ist und dementsprechend eine Fristsetzung von vornherein bloße Formalität wäre.

d) Die **Nacherfüllung** beinhaltet konsequenterweise zwei Modalitäten, die grundsätzlich im Belieben des Käufers stehen (vgl. § 439 I): Zum einen die Nachbesserung der Kaufsache, zum anderen die Nachlieferung. Eine Nachlieferung ist bei der hier vorliegenden Speziessache i.S.d. § 275 I unmöglich. Auch eine Nachbesserung, d.h. eine Reparatur, scheitert an der hier zu vermutenden technischen Unmöglichkeit, die verkaufte Maschine zu einer energiesparenden umzurüsten[54].

Die vereinbarte Beschaffenheit der Waschmaschine kann somit weder durch Reparatur noch durch Nachlieferung erreicht werden, so daß der Nacherfüllungsanspruch gemäß § 275 I ausgeschlossen ist. In einem solchen Fall kann der Gläubiger gemäß § 326 V ohne Setzung einer Frist zur Nacherfüllung vom Kaufvertrag zurücktreten.

Hinweis: Ist der Nacherfüllungsanspruch, der letztlich die konsequente Weiterführung des ursprünglichen Erfüllungsanspruchs ist, nach § 275 unmöglich, so würde sich dies in synallagmatischen Verhältnissen grundsätzlich darin äußern, daß insoweit auch der Anspruch auf die Gegenleistung entfällt, § 326 I 1. Damit würde automatisch die Kaufpreiszahlungspflicht partiell entfallen. Diese *ipso-iure*-Rechtsfolge verhindert die Klarstellung in § 326 I 2, der somit dem Käufer die Möglichkeit beläßt, die Rechte seinem Begehren anzupassen (Wahlrecht)[55].

---

[54] Sollte eine Reparatur dahingehend technisch möglich sein, so besteht unter Umständen die Möglichkeit für den Verkäufer, diese Art der Nacherfüllung gemäß §§ 440 S.1 i.V.m. 439 III 1 zu verweigern. Dies würde ebenso dazu führen, daß die Fristsetzung entbehrlich wäre.
[55] Bamberger/Roth/Grothe, § 326 Rn. 13.

Hier greift somit der Ausnahmetatbestand des § 326 V ein, der das Erfordernis der Fristsetzung zur Nacherfüllung für entbehrlich erklärt.

e) An versteckter Stelle ist normiert, daß der Rücktritt dann ausgeschlossen ist, wenn der Mangel **unerheblich** ist, § 323 V 2. Dieser aus einem Verhältnismäßigkeitsgedanken heraus resultierende Gesichtspunkt ist jedoch derart weit formuliert, daß die Schwelle zur Erheblichkeit sehr niedrig liegt. Es soll hierbei letztlich eine umfassende Interessenabwägung stattfinden. Aufgrund des Fehlens einer zugesicherten Eigenschaft, nämlich der höchstmöglichen Energieeinsparung beim Betrieb der Waschmaschine, ist Erheblichkeit des Mangels hier unproblematisch gegeben.

> **Hinweis**: Diese Norm wird als Tatbestandsvoraussetzung immer wieder überschätzt. Sie macht letztlich lediglich deutlich, daß der Rücktritt von seiner Intensität und Grundkonzeption scharf von der *Minderung* zu unterscheiden ist, für die die Frage der *Erheblichkeit* sich gerade nicht stellt, §§ 441 I 2, 638 I 2. Interessant ist hierbei jedoch vor allem, daß die Beweislast beim Schuldner liegt[56].

Insgesamt sind die Voraussetzungen für das Rücktrittsbegehren der K erfüllt.

4. Betrachtet werden muß am Ende jedoch noch die Frage, ob sich ein anderes Ergebnis daraus ergibt, daß die Waschmaschine als *Sonderangebot* vom Haushaltswarengeschäft verkauft worden ist.

H hat offenbar bei den Waren, die als Sonderangebot verkauft werden sollen, die Gewährleistungsrechte ausgeschlossen. Die §§ 433 ff. sind grundsätzlich **dispositives Recht** und können vertraglich abbedungen werden. Die Möglichkeit einer Freizeichnung von einer Haftung macht

---

[56] Jauernig/Stadler, § 323 Rn. 20.

auch § 444 deutlich, der normiert, daß sich der Verkäufer auf einen Ausschluß der Haftung nur dann nicht berufen kann, wenn er den Mangel arglistig verschwiegen oder eine Garantie für die Beschaffenheit übernommen hat.

Hier tritt allerdings die K als Verbraucherin (§ 13) einem Unternehmer (§ 14) gegenüber, so daß es sich im vorliegenden Fall um einen **Verbrauchsgüterkauf** i.S.d. § 474 I handelt. Dies führt zur Anwendung des § 475 I, der einen generellen Ausschluß der Pflicht zur Lieferung einer mangelfreien Sache zu Lasten des Verbrauchers für unwirksam erklärt.

Problematisch ist allerdings der Umstand, daß die Vorschriften über den Verbrauchsgüterkauf selbst abbedungen worden sind. Dies könnte der Anwendung der §§ 474 ff. entgegenstehen. Aufgrund wertender und leicht nachvollziehbarer Überlegungen zu einem Umgehungsverbot sind aber diese Vorschriften selbst ebenfalls nicht abdingbar[57].

Im übrigen würde bei der Zugrundelegung der Vorschriften über die allgemeinen Geschäftsbedingungen (§§ 305 ff.) ein etwaiger Haftungsausschluß an § 309 Nr. 8b aa) scheitern. Somit ist letztlich der Haftungsausschluß unwirksam.

Beachte: Als praktische Folge der Vorschriften über den Verbrauchsgüterkauf ist weiterhin zu erwähnen, daß sich die Beweislast des Käufers, daß der Mangel bereits im Zeitpunkt des Gefahrübergangs vorhanden war (vgl. § 434), umkehrt, § 476. Innerhalb der ersten sechs Monate[58] wird bei einem Verbrauchsgüterkauf das Vorliegen des Mangels bei Gefahrübergang vermutet, so daß die Beweislast hier nach den vergangenen drei Monaten der H trägt.

---

[57] Bamberger/Roth/Faust, § 475 Rn. 5.
[58] Hier taucht die vor der Schuldrechtsreform geltende Verjährungsfrist der Sachmängelgewährleistungsrechte wieder auf, vgl. § 477 I a.F.

5. Rechtsfolge: § 346 I bewirkt, daß der Kaufvertrag in ein *Rückgewährschuldverhältnis* umgewandelt wird, in dem die empfangenen Leistungen zurückzugewähren sind. Aufgrund seines Charakters als Gestaltungsrecht bedarf der Rücktritt einer Rücktrittserklärung (§ 349), die hier offensichtlich vorliegt. Folglich kann die K von H ihren gezahlten Kaufpreis von 420 Euro bei gleichzeitiger Rückgabe der Waschmaschine zurückverlangen.

II. Ergebnis

K kann gemäß § 346 I i.V.m. §§ 434 I 1, 437 Nr. 2, 323 I, 326 V vom Kaufvertrag zurücktreten und von H den Kaufpreis in Höhe von 420 Euro zurückverlangen.

Fall 8: Autokauf

▶ **Thema:** Kaufrecht, Schadensersatz

Karl Konradi (K) kauft bei dem Gebrauchtwagenhändler Vogel (V) einen Pkw für 10.000 Euro. Bereits nach einer Woche bemerkt K während der täglichen Fahrt zur Arbeit, daß die Bremsen des Wagens nicht einwandfrei funktionieren und nur sporadisch ihre Bremswirkung entfalten können. In seiner Not lenkt K den Wagen geistesgegenwärtig auf einen angrenzenden Acker, um ihn zum Stehen zu bringen und einen Unfall zu vermeiden. Durch die holprige Fahrt auf dem unwegsamen Gelände kommt es bei K zu einer Stauchung der Wirbelsäule. Nachdem K den Wagen zum Stehen gebracht hat, bedankt er sich bei seinem Schutzengel und begibt sich umgehend zu V, von dem er die Reparatur des Bremssystems verlangt.

Dort angekommen, stellt sich heraus, daß V über das fehlerhafte Bremssystem des Wagens informiert war und unter Vernachlässigung der Verkehrssicherheit aus reinem Profitstreben den Verkauf durchgeführt hat. Völlig verärgert, läßt K das Auto nunmehr in einer anderen Werkstatt reparieren.

Um die Kosten auf V abzuwälzen und um der Gesellschaft wieder – einem inneren Gerechtigkeitssinn folgend – Rechtsfrieden zu verschaffen, geht K zu seinem Rechtsanwalt und fragt diesen, ob und was er als Schadensersatz verlangen kann, insbesondere auch vor dem Hintergrund, daß er durch den Vorfall Heilungskosten hatte und drei Tage nicht zur Arbeit gehen konnte. Das Auto will er aber behalten.

Bereiten Sie das Gutachten des Rechtsanwalts vor!

I. Anspruch des K gegen V aus §§ 437 Nr. 3, 434 I, 280 I, III, 281 I

1. Kaufvertrag, § 433 (+)
2. Mangel der Kaufsache
   a) Sachmangel, § 434 I (+)
   b) Mangel im Zeitpunkt des Gefahrübergangs, § 446 I
   c) Keine Kenntnis des Käufers, § 442 I
3. Schadensersatz gemäß §§ 437 Nr. 3, 280 I,III, 281 I
   a) Pflichtverletzung
   b) Frist zur Nacherfüllung
   c) Ausnahme von dem Fristsetzungserfordernis gemäß § 281 II 2. Var.
   d) Vertretenmüssen, § 280 I 2 (Beweislastumkehr)
   e) Schadensberechnung
   f) Kleiner bzw. großer Schadensersatz
4. Ergebnis: Anspruch des K gegen V aus §§ 437 Nr. 3, 434 I, 280 I, III, 281 I (+)

II. Anspruch des K gegen V aus §§ 437 Nr. 3, 434 I, 280 I (+)

III. Anspruch aus § 823

I. Anspruch des K gegen V aus §§ 437 Nr. 3, 434 I 1, 280 I, III, 281 I auf Schadensersatz statt der Leistung

Das Bremssystem des Wagens ist defekt. Möglicherweise hat K einen Anspruch auf Schadensersatz statt der Leistung, den er gemäß §§ 437 Nr. 3, 434 I 1, 280 I, III, 281 I geltend machen könnte.

Hinweis: K verlangt Schadensersatz. Im Vorfeld der Prüfung ist die Differenzierung der Schadenspositionen wichtig, da die Anspruchsgrundlage sich nach der jeweiligen Schadensgruppe richtet. So kann Schadensersatz **statt der Leistung** regelmäßig nur unter den zusätzlichen Voraussetzungen des § 280 III gewährt werden, d.h. möglicherweise erst nach erfolglosem Ablauf einer Frist zur Nacherfüllung, vgl. § 281 I. Dazu später im Text.

Hier sind zwei Schadenspositionen zu unterscheiden, nämlich das defekte Bremssystem und die anderweitigen Reparaturkosten einerseits sowie die Heilungskosten und der Verdienstausfall andererseits.

1. Um einen Anspruch auf Schadensersatz zu begründen, müßte zunächst ein wirksamer **Kaufvertrag** gemäß § 433 zwischen K und V zustande gekommen sein. Dies ist hier unproblematisch der Fall. K und V haben einen gültigen Kaufvertrag über ein gebrauchtes Auto im Wert von 10.000 Euro geschlossen.

2. Ferner müßte der Schaden auf einem **Mangel der Kaufsache** beruhen. Hier könnte das Auto aufgrund des nicht einwandfrei funktionierenden Bremssystems einen Sachmangel i.S.d. § 434 aufweisen. Eine Sachmangelfreiheit der Kaufsache liegt dann vor, wenn ihre Istbeschaffenheit mit der Sollbeschaffenheit übereinstimmt[59]. Zu der Beschaffenheit einer Sache zählen sowohl ihre natürlichen Eigenschaften als auch ihre Beziehungen zur Umwelt. Das Bremssystem gehört zweifellos zu den Eigenschaften des Pkw.

a) Für einen Mangel gemäß § 434 I 1 müßte die Beschaffenheit des Bremssystems Inhalt des Vertrages geworden sein. Eine Vereinbarung über die Funktionsfähigkeit des Bremssystems ist nicht ausdrücklich getroffen worden. In der Praxis fehlen häufig solche einzelnen Beschaffenheitsvereinbarungen, da die Parteien regelmäßig nur von einem bestimmten Verwendungszweck ausgehen.

Bei einem Autokauf wird i.d.R. nicht über das Funktionieren der Bremsen als solches gesprochen, sondern vielmehr über die Merkmale des Fahrzeugs insgesamt. Allerdings ist bei einem Autokauf die Vorstellung des Funktionierens wesentlicher Teile, zu denen das Bremssystem gehört, immanent und bedarf keiner ausdrücklichen Erwähnung. Diese Vorstellung ist i.d.R. *konkludent* zum Ausdruck gekommen. Etwaige Zweifel über die Einordnung als vereinbarte Beschaffenheit können allerdings dadurch ausgeräumt werden, daß sich das Auto zumindest für die

---

[59] Vgl. dazu den Fall 7 in diesem Skript.

nach dem Vertrag vorausgesetzte Verwendung i.S.d. § 434 I 2 Nr. 1 bzw. für die *gewöhnliche* Verwendung i.S.d. § 434 I 2 Nr. 2 eignen muß. Darunter ist die Funktionsfähigkeit des Bremssystems als Ausdruck der Verkehrssicherheit spätestens zu subsumieren. Mangels einer sicher und zuverlässig arbeitenden Bremsanlage eignet sich der Wagen jedenfalls nicht für die *gewöhnliche* Art der Verwendung. Im Ergebnis liegt somit auf jeden Fall ein Mangel in diesem Sinne vor.

b) Das Auto ist dem K übergeben worden, § 854 I. Der Mangel bestand bereits im Zeitpunkt des Gefahrübergangs, § 446 S.1. Dabei gilt im Verbrauchsgüterkauf die Vermutung und Beweislastumkehr des § 476.

c) Der Mangel war dem K bei Abschluß des Kaufvertrages nicht bekannt, und seine Unkenntnis beruhte auch nicht auf grober Fahrlässigkeit, vgl. § 442 I.

3. Der Schadensersatz des Käufers ist nicht mehr speziell im Kaufrecht geregelt, sondern ergibt sich – wie die Verweisung des § 437 Nr. 3 deutlich macht – aus dem allgemeinen Leistungsstörungsrecht.

Hinweis: Die Anwendbarkeit der dort aufgeführten Normen ist nun davon abhängig, welcher Art der vorliegende Schaden ist. Zunächst ist zwischen *behebbaren* und *nicht behebbaren Mängeln* zu unterscheiden. Wenn eine Nacherfüllung noch möglich ist, dann ist der Verkäufer von seiner Leistungspflicht, eine mangelfreie Sache zu verschaffen, noch nicht befreit. Der Käufer kann dann unter den Voraussetzungen der §§ 280 I, III, 281 Schadensersatz verlangen. Ist hingegen die Nacherfüllung gemäß § 275 unmöglich, so ist bei *anfänglicher Unmöglichkeit* § 311a II, bei *nachträglicher Unmöglichkeit* §§ 280 I, III, 283 einschlägig.

Hier ist die Reparatur des Bremssystems noch möglich. Der Schadensersatzanspruch des K könnte sich somit aus §§ 437 Nr. 3, 280 I, III, 281 I ergeben.

a) §§ 280 I, III, 281 verlangen die Verletzung einer Pflicht. Diese Pflichtverletzung liegt bereits in der Lieferung einer mangelhaften Sache, § 433 I 2.

b) K müßte V erfolglos eine angemessene Frist zur Nacherfüllung gesetzt haben, § 281 I 1. Darin kommt der Vorrang des Nacherfüllungsanspruchs zum Ausdruck, der als **Abwendungsbefugnis** des Verkäufers diesem die Möglichkeit einräumt, durch eine Nacherfüllung den Schadensersatzanspruch des Käufers abzuwenden.

Die Fristsetzung ist dabei die nicht formgebundene, einseitige, empfangsbedürftige und geschäftsähnliche Willensäußerung, die im Hinblick auf ihre Rechtsfolge eine bestimmte und eindeutige Aufforderung zur Leistung enthalten muß[60]. K hat zwar von V die Reparatur verlangt, diesem aber keine Frist gesetzt. Somit kann K grundsätzlich nicht sofort Schadensersatz verlangen.

c) Hier kommt jedoch der Ausnahmetatbestand des § 281 II 2. Var. in Betracht. Dieser betrifft den Fall, daß eine Fristsetzung dann entbehrlich ist, wenn *besondere Umstände* vorliegen, die unter Abwägung der beiderseitigen Interessen die sofortige Geltendmachung des Schadensersatzanspruchs rechtfertigen.

Diese recht weit gefaßte und daher eher als Auffangtatbestand zu begreifende Vorschrift, die z.B. die sog. „Just-in-time-Verträge" umfassen will, erfaßt ebenfalls auch solche Fälle, in denen der Schuldner wissentlich eine fehlerhafte Leistung erbracht hat[61]. Der Verkäufer V wußte um die Fehlerhaftigkeit des Bremssystems und hat den Verkauf ent-

---

[60] Bamberger/Roth/Unberath, § 281 Rn. 14.
[61] Bamberger/Roth/Unberath, § 281 Rn. 26.

gegen der gebotenen Vorsicht, die von einem Autohändler erwartet werden muß, aus Interesse am Profit durchgeführt. Dies ist ein erheblicher Verstoß gegen das Interesse des K an der Fehlerfreiheit und Verkehrssicherheit des Pkw. Ein besonderer Umstand, der zur Entbehrlichkeit der Fristsetzung führt (§ 281 II 2. Var.), ist somit anzuerkennen.

d) V müßte ferner diese Pflichtverletzung zu vertreten haben, was grundsätzlich vermutet wird, § 280 I 2. Eine Exkulpation kommt nicht in Betracht, denn der Verkäufer hat die Verletzung seiner Pflicht gemäß § 276 I zu vertreten, wenn er positive Kenntnis oder fahrlässige Unkenntnis von der Mangelhaftigkeit der Kaufsache hat. Laut Sachverhalt war V über den Umstand des defekten Bremssystems informiert. Ihn trifft somit ein Verschuldensvorwurf in Form des Vorsatzes.

Hinweis: Durch den seit der Schuldrechtsreform für den Schadensersatzanspruch des Käufers für anwendbar erklärten Maßstab des § 276 können nun auch bei fahrlässigem Handeln des Verkäufers Schadensersatzpflichten entstehen.

---

e) Der hier geprüfte Anspruch geht auf den *Schadensersatz statt der Leistung*. Sobald das Schadensersatzbegehren geäußert wurde, entfällt auch der ursprüngliche Erfüllungsanspruch bzw. Nacherfüllungsanspruch, § 281 IV.

Es werden nur solche Schäden umfaßt, die letztlich im Mangel der Sache selbst liegen bzw. in einem unmittelbaren Zusammenhang mit diesem stehen[62]. Im Sinne des positiven Interesses sollen also gerade solche Schäden erfaßt werden, die in der Lieferung der mangelhaften Sache ihren Ursprung haben, sog. *Mangelschäden*[63].

---

[62] Vgl. nur Brox/Walker, Besonderes Schuldrecht, § 4 Rn. 93, 100.
[63] Vgl. zu den dogmatischen Problemen mit dem Begriff des Mangelschadens Schwab/Witt/Schubel, Examenswissen zum neuen Schuldrecht, S. 202.

Die Berechnung des Schadens kann auf zwei sich aus-
schließenden Wegen erfolgen, wobei dem Geschädigten
grundsätzlich ein Wahlrecht zukommt:

f) Es besteht die Möglichkeit für den K, den sog. *kleinen
Schadensersatz* geltend zu machen, § 281 I 1. Dabei behält
er die mangelhafte Sache und kann darüber hinaus verlangen, so gestellt zu werden, wie er stünde, wenn
ordnungsgemäß erfüllt worden wäre. Dies führt zu einem
Differenzbetrag zwischen dem Wert der Sache in
mangelhaftem und ihrem Wert in mangelfreiem Zustand.
Diesen Betrag könnte K ersetzt verlangen. Insofern ist der
kleine Schadensersatz der Minderung ähnlich. Bei Geltendmachung des kleinen Schadensersatzanspruchs kann K
somit den Wertunterschied ersetzt verlangen, der mit dem
Reparaturaufwand in Beziehung zu setzen ist.

Ferner besteht auch die Möglichkeit des sog. *großen
Schadensersatzes*, bei dem die mangelhafte Sache dem
Verkäufer zurückgegeben wird und Schadensersatz statt der
ganzen Leistung verlangt werden kann, § 281 I 3. K könnte
somit beim großen Schadensersatz das Auto zurückgeben
und sein positives Interesse geltend machen. Da der große
Schadensersatz rücktrittsähnlich ist, fordert § 281 I 3 a.E.,
daß die Pflichtverletzung *nicht unerheblich* ist. Die Pflichtverletzung ist hier allerdings bei einer umfassenden
Interessenabwägung erheblich[64].

Hinweis: Bei der Unterscheidung zwischen kleinem und
großem Schadensersatz geht es um die Frage, ob der
Käufer die mangelhafte Kaufsache behalten will oder nicht.
Dagegen wird die Frage, was mit seiner Gegenleistung
geschehen soll, anhand der Differenz- oder Surrogations-
methode beantwortet[65].

---

[64] Vgl. dazu die Ausführungen bei Bamberger/Roth/Unberath, § 281
Rn. 67.
[65] Vgl. dazu die Ausführungen bei Kaiser, in: Staudinger, Eckpfeiler des
Zivilrechts, S. 342 (lesenswert).

Indes kommt der große Schadensersatz hier nicht in Betracht, da K das Auto laut Sachverhalt behalten will.

4. Ergebnis: K hat gegen V einen Anspruch auf Schadensersatz statt der Leistung aus §§ 437 Nr. 3, 434 I, 280 I, III, 281 I, d.h., er kann im Sinne des kleinen Schadensersatzes den Wagen behalten und die Differenz zu dem Minderwert bzw. die Reparaturkosten ersetzt verlangen.

II. Anspruch des K gegen V auf Ersatz der Heilungskosten und des Verdienstausfalls gemäß §§ 437 Nr. 3, 434 I, 280 I

Der oben geprüfte Schadensersatzanspruch richtete sich auf das Interesse des Käufers an einer leistungsbezogenen Erfüllung. Durch die mangelhafte Lieferung hat sich der K aber auch eine Stauchung der Wirbelsäule zugezogen, die zu Heilungskosten und Verdienstausfall geführt hat. Ihm sind somit Schäden entstanden, die an anderen Rechtsgütern als der Kaufsache eingetreten sind, sog. **Mangelfolgeschäden**. Diese Schadensposten stehen neben der Leistung und sind ausschließlich nach § 280 I zu ersetzen, wie aus einem Umkehrschluß zu § 280 III zu erkennen ist. Dabei ist insbesondere keine Frist zur Nacherfüllung notwendig.

Somit könnte K einen Schadensersatzanspruch auf Ersatz der Heilungskosten und des Verdienstausfalls (Schadensersatz **neben der Leistung**) aus §§ 437 Nr. 3, 434 I, 280 I haben.

Für die Voraussetzungen dieses Anspruchs kann nach oben verwiesen werden. Insbesondere liegt die für § 280 I erforderliche Pflichtverletzung in der Lieferung einer mangelhaften Sache, § 433 I 2, für die V auch einzustehen hat. Als ersatzfähiger Schaden gilt der reine Mangelfolgeschaden (Begleitschaden), der hier dem K in Gestalt von Heilungskosten und Verdienstausfall entstanden ist. Diese Schadenspositionen kann er somit ebenfalls von V ersetzt verlangen.

Im **Ergebnis** hat K hier gegen V einen Anspruch auf Schadensersatz neben der Leistung aus §§ 437 Nr. 3, 434 I, 280 I.

III. Anspruch des K aus § 823

Hinsichtlich seiner Heilungskosten hat K gegen V auch einen Anspruch auf Schadensersatz aus § 823 I sowie aus § 823 II i.V.m. § 229 StGB. Sein Verdienstausfall ist als bloßer Vermögensschaden hier nicht ersatzfähig.

Die Reparaturkosten für das defekte Bremssystem sind ebenfalls nicht nach Deliktsrecht ersatzfähig: Hier spielt insbesondere die Problematik des sog. „weiterfressenden Mangels"[66] keine Rolle, da nach der entsprechenden Ansicht namentlich der Rechtsprechung[67] das Deliktsrecht nur anwendbar sein soll, wenn ein funktional abgrenzbarer und behebbarer Fehler der – ansonsten zunächst tauglichen – Kaufsache um sich greift und schließlich zur Beschädigung der ganzen Sache führt. Das ist hier laut Sachverhalt aber nicht der Fall: Am Auto sind keine über das defekte Bremssystem hinausgehenden Schäden entstanden. Folglich betreffen die Reparaturkosten ausschließlich das Äquivalenzinteresse des K, das nur über vertragliche Ansprüche geschützt ist.

---

[66] Vgl. dazu ausführlich MünchKomm/Wagner, § 823 Rn. 120 ff.
[67] BGHZ 67, 359 (Schwimmerschalterfall); BGH NJW 1978, 2241 (Reifenfall); BGHZ 86, 256 (Gaszugfall).

Fall 9: Kopierer in Flammen

▸ **Thema:** Kaufrecht; Schadensersatz, weiterfressender Mangel

K hat im Sommer 2002 einen kleinen Betrieb eröffnet, der sich auf das Verlegen von Kinder- und Jugendliteratur spezialisiert hat. Dabei sind seine Erzeugnisse am Markt recht erfolgreich, so daß er expandieren möchte. K kauft daher von V, der sich auf entsprechenden Handel spezialisiert hat, einen modernen Großkopierer mit etlichen Sonderfunktionen zum Preis von € 19.500,-. Im September 2002 liefert V den Kopierer und stellt ihn bei K auf. K nimmt ihn in Augenschein, fertigt einige Kopien an und testet die vorhandenen Sonderfunktionen. Dabei sind keine Mängel festzustellen.

In den folgenden Jahren gelingt es K, sich mit seinem kleinen Betrieb am Markt zu behaupten. Im Januar 2005 kommt es dann aber zu einem Zwischenfall: Beim Anfertigen einer hohen Zahl von Kopien, die das Gerät grundsätzlich zu bewältigen imstande ist, fängt der Kopierer plötzlich Feuer; nur dadurch, daß ein Mitarbeiter des K geistesgegenwärtig zum Feuerlöscher greift und umsichtig damit umgeht, kann Schlimmeres verhindert werden. Die Flammen sind schnell erstickt, der Kopierer jedoch ist vollständig zerstört; eine Reparatur ist nicht mehr möglich.

Es stellt sich heraus, daß es zu dem Brand deshalb gekommen ist, weil sich ein zusätzlicher Ventilator, der bei durch lang andauerndes Kopieren entstehenden hohen Temperaturen anläuft und das Gerät zusätzlich kühlt, nicht eingeschaltet hatte: Das Verbindungskabel zwischen einem Hitzesensor und dem Zusatzventilator war von Beginn an, also auch schon zum Zeitpunkt des Erwerbs durch K, gerissen. Nur weil eine kritische Temperaturen hervorrufende Beanspruchung bislang nicht stattgefunden hatte, hatte sich dieser Fehler noch nicht ausgewirkt. K als nicht Sachkundiger konnte diesen Fehler nicht entdecken, doch hätte V als Fachmann ihn bei gehöriger Sorgfalt beim Aufstellen des Kopierers bemerken müssen und mit minimalem

Aufwand durch einfaches Austauschen des schadhaften Kabels beheben können. Als K sich deshalb an V wendet, weist dieser ihn schroff ab: Er, V, werde nichts mehr für K tun. K hätte besser aufpassen müssen: Das sei unter Kaufleuten eben so. Im übrigen liege der Kauf des Kopierers schon so lange zurück, daß er ohnehin für nichts mehr haftbar gemacht werden könne.
Kann K von V Schadensersatz für den zerstörten Kopierer verlangen?

I. Anspruch des K gegen V aus §§ 280 I, III, 281 i.V.m. §§ 433 I 2, 434, 437 Nr. 3
1. Kaufvertrag gem. § 433 (+)
2. Mangel der Kaufsache
   a) Sachmangel, § 434 I (+)
   b) Mangel im Zeitpunkt des Gefahrübergangs, § 446 I
   c) Keine Kenntnis des Käufers, § 442 I
   d) Rügepflicht, § 377 HGB
3. Schadensersatz gemäß §§ 437 Nr. 3, 280 I, III, 281 I
   a) Pflichtverletzung
   b) Fristsetzung
   c) Entbehrlichkeit der Fristsetzung gem. § 281 II 1. Alt.
4. Vertretenmüssen, § 280 I 2 (+)
5. Schaden (+)
6. Aber: Verjährung, § 438 I Nr. 3, II
7. Ergebnis: Anspruch des K gegen V aus §§ 280 I, III, 281 i.V.m. §§ 433 I 2, 434, 437 Nr. 3 (-)

II. Anspruch des K gegen V aus § 823 I
1. Anwendbarkeit neben Gewährleistungsrecht?
Problem: Schaden beruht gerade auf dem Sachmangel
     e.A.: (-), da Gewährleistungsrecht spezieller und abschließend
     a.A. (Rspr.): (+) bei sog. *„weiterfressenden Mängeln"*
2. Eigentumsverletzung
     e.A.: (-), da der Käufer einer mit einem Mangel behafteten Sache niemals mangelfreies Eigentum erworben hat
     a. A. (Rspr.): (+), wenn nicht nur das Äquivalenz-, sondern auch das Integritätsinteresse betroffen ist. *Hier*: Integritätsinteresse betroffen, daher nach Rspr. Eigentumsverletzung (+)
3. Weitere Voraussetzungen des § 823 I (+)
4. Ergebnis: Anspruch des K gegen V aus § 823 I (+)

I. Anspruch des K gegen V aus §§ 280 I, III, 281 i.V.m. §§ 433 I 2, 434, 437 Nr. 3

K macht gegen V einen Schadensersatzanspruch bezüglich des zerstörten Großkopierers selbst geltend. Anderweitige mögliche Schadenspositionen, beispielsweise beim Brand des Kopierers ebenfalls in Mitleidenschaft gezogene Arbeitsmaterialien des K, spielen für die Lösung keine Rolle und sind nicht von der Fallgestaltung umfaßt. Es muß in der gutachtlichen Lösung klar zum Ausdruck kommen, daß es hier um **Schadensersatz statt der Leistung** geht[68]. Dies wird dem Korrektor durch die in der Überschrift und im Obersatz genannten Normen deutlich gemacht, wobei § 281 und nicht § 283 einschlägig ist, da die Nachlieferung eines neuen Kopierers möglich ist.

Möglicherweise hat K gegen V einen Anspruch auf Schadensersatz statt der Leistung gemäß §§ 280 I, III, 281 i.V.m. §§ 433 I 2, 434, 437 Nr. 3.

Hinweis: Lassen Sie sich nicht durch die unterschiedliche Zitierweise der Normenketten auch in diesem Skript verunsichern. Es gibt keine festen Regeln. Wichtig ist, daß Sie die Anspruchsgrundlage für den Schadensersatz (§§ 280 I, III, 281) zitieren, dabei aber auch deutlich machen, daß sich der Anspruch aus dem Sachmängelgewährleistungsrecht ergibt (§ 437 Nr. 3). Die weiteren Voraussetzungen ergeben sich ohnehin aus den genannten Normen.

1. Zunächst müßte ein wirksamer **Kaufvertrag** gemäß § 433 zwischen ihm und V zustande gekommen sein. K und V haben im Sommer 2002 einen Kaufvertrag über einen Großkopierer im Wert von € 19.500,- abgeschlossen. Ein wirksamer Kaufvertrag liegt vor.

---

[68] Siehe dazu den voraufgegangenen Fall in diesem Skript.

2. § 437 setzt tatbestandlich voraus, daß die Kaufsache mangelhaft ist. Vorliegend kommt ein **Mangel der Kaufsache** gemäß § 434 in Betracht.

Hinweis: Machen Sie sich die Systematik des wichtigen § 437 klar. Diese Norm beantwortet nicht nur mit ihren Katalognummern, die auf die weiter zu prüfenden Vorschriften verweisen, die Frage, *was* der Käufer verlangen, sondern auch, *wann* nur er Ansprüche geltend machen kann. § 437 spricht es ganz deutlich an: *„Ist die Sache mangelhaft, kann der Käufer...“*. Wann eine Sache mangelhaft ist, bestimmt sich nach den Vorschriften der §§ 434, 435. Die Prüfungsreihenfolge wird daher durch das BGB selbst vorgegeben; an dieser Stelle muß ein Prüfungsschema nicht auswendig gelernt werden.

---

a) Ein Mangel der Kaufsache i.S.d. § 434 liegt dann vor, wenn ihre Istbeschaffenheit von ihrer Sollbeschaffenheit abweicht[69]. Bei dem Kopierer war das Verbindungskabel zwischen einem Hitzesensor und dem Zusatzventilator gerissen. Die Istbeschaffenheit weicht damit zweifellos von der Sollbeschaffenheit der Kaufsache ab. Zwar hatte sich dieser Fehler aufgrund der geringen Belastung des Kopierers noch nicht gezeigt. Das ändert aber nichts daran, daß dieser sich nicht für die nach dem Vertrag vorausgesetzte Verwendung eignet. Damit liegt jedenfalls ein Mangel i.S.d. § 434 I 2 Nr. 1 vor[70].

b) Der Mangel lag laut Sachverhalt auch bereits zum Zeitpunkt des Gefahrübergangs (§ 446 S. 1) vor.

c) K hatte von dem Mangel keine Kenntnis, § 442 I.

---

[69] Vgl. Fall 7 in diesem Skript.
[70] Ihre Entscheidung, ob sich der vorliegende Sachmangel aus § 434 I 1 (evtl. konkludent) oder gar erst aus § 434 I 2 Nr. 2 ergibt, hängt von ihrer Argumentation ab. Setzen Sie aber Schwerpunkte. Ein Sachmangel ist offenkundig gegeben, der Sachverhalt will diesen Punkt schnell abgehandelt wissen.

d) Fraglich ist aber, ob sich nicht aus den Regeln des Handelsrechts erhöhte Anforderungen an den Käufer ergeben. Gemäß § 438 I Nr. 3 verjähren die Gewährleistungsansprüche des Käufers nach zwei Jahren. Diese Frist genügt den Bedürfnissen des Handels nicht. **Das Handelsrecht ist Kaufmannsrecht.** Es ist dogmatisch auf dem Begriff des Kaufmanns aufgebaut. Diesem werden vom Gesetzgeber eine höhere Geschäftsgewandtheit und Geschäftserfahrung unterstellt. Die daraus resultierenden höheren Anforderungen an den Kaufmann beruhen insbesondere darauf, daß der kaufmännische Verkehr in gesteigertem Maße auf Flexibilität, Schnelligkeit, Einfachheit und Rechtssicherheit angewiesen ist[71]. Dementsprechend statuiert das Handelsrecht besondere Sorgfaltspflichten und –obliegenheiten. Im Rahmen des Gewährleistungsrechts bestimmt § 377 HGB eine **Untersuchungs- und Rügepflicht.** § 377 I HGB normiert, daß der Käufer die Ware unverzüglich, d.h. ohne schuldhaftes Zögern (§ 121), nach Ablieferung durch den Verkäufer zu untersuchen und erkennbare Mängel dem Verkäufer unverzüglich anzuzeigen hat. Unterläßt der Käufer die Anzeige, gilt die Ware als genehmigt (§ 377 II, III HGB)[72].

Hinweis: Untersuchung und Anzeige sind folglich keine echten Schuldnerpflichten, deren Erfüllung im Klagewege erzwungen werden könnte, sondern es handelt sich vielmehr um **Obliegenheiten**, deren Nichterfüllung für den Käufer rechtlich nachteilig wäre[73].

Sowohl K als auch V betreiben ein Handelsgewerbe und sind daher als Kaufmann i.S.d. § 1 I HGB anzusehen. Folglich liegt ein beiderseitiges Handelsgeschäft vor; § 377 HGB findet daher Anwendung. K trifft somit grundsätzlich eine Untersuchungs- und Rügepflicht. Hier hat K zwar den

---

[71] Vgl. Canaris, Handelsrecht, § 1 Rn. 16.
[72] Dogmatisch handelt es sich dabei um eine Fiktion, vgl. BGH NJW 1980, 782, 784.
[73] Canaris, Handelsrecht, § 31 Rn. 26.

Kopierer eingehend untersucht, den Mangel bei der Ablieferung durch V aber nicht erkannt. Fraglich ist, wie es sich auswirkt, daß der Mangel für einen nicht Sachkundigen wie K nicht erkennbar war. **§ 377 II HGB** macht diesbezüglich deutlich, daß nur erkennbare Mängel nach Ablauf der Untersuchungsfrist anzuzeigen sind. Laut Sachverhalt konnte K den Mangel nicht erkennen, so daß gemäß § 377 II HGB kein Ausschluß seiner Mängelrechte vorliegt.

Hinweis: Eine Diskussion besonderer handelsrechtlicher Regeln ist im Sachverhalt explizit angelegt. Die Aussage des V, daß man *als Kaufmann besser aufpassen* muß, zielt klar auf den § 377 HGB ab.

---

3. Hier ist die Nachlieferung eines neuen Kopierers noch möglich. Der Schadensersatzanspruch des K könnte sich demgemäß aus §§ 437 Nr. 3, 280 I, III, 281 I ergeben.

a) In der Lieferung eines mit einem Mangel behafteten Kopierers liegt eine Pflichtverletzung des V gemäß § 433 I 2.

b) Eine **Fristsetzung** ist vor dem Verlangen von Schadensersatz grundsätzlich erforderlich, um den Vorrang der Nacherfüllung, der gerade im Fristsetzungserfordernis zum Ausdruck kommt, zu sichern, **§ 281 I 1**. Als Nacherfüllung kommen grundsätzlich die Reparatur und Neulieferung in Betracht, § 439 I; laut Sachverhalt ist eine Reparatur nicht mehr möglich, so daß sich der Nacherfüllungsanspruch des K gemäß § 439 III 3 auf die Neulieferung beschränkt.

c) Vorliegend ist eine Fristsetzung jedoch gemäß § 281 II 1. Alt. entbehrlich, da V die Nacherfüllung verweigert.

4. Das Vertretenmüssen des V wird nach § 280 I 2 vermutet. Eine Exkulpation scheitert offensichtlich, da V laut Sachverhalt fahrlässig gehandelt hat.

5. Ein kausaler Schaden liegt aufgrund der Zerstörung des Kopierers vor.

6. Allerdings ist der Anspruch infolge **Verjährung** gemäß § 438 I Nr. 3, II nicht mehr durchsetzbar. Dabei ist die Leistungsverweigerung des V mit der Begründung, die Sache sei schon so lange her, als Erhebung der entsprechenden Einrede auszulegen.

Hinweis: Die Thematik der Verjährung wird vom Sachverhalt deutlich angesprochen und macht – wie Sie im weiteren Verlauf der Lösung sehen werden – gerade die Besonderheit des Falles aus. Die Verjährung ist durch die Angabe der Jahresdaten so offenkundig, daß sie nicht übersehen werden darf.

---

7. Ergebnis: Ein Anspruch des K gegen V aus §§ 280 I, III, 281 i.V.m. §§ 433 I 2, 434, 437 Nr. 3 besteht nicht.

II. Anspruch des K gegen V aus § 823 I

1. Es ist zunächst einmal fraglich, ob das Deliktsrecht neben den Regeln des Sachmängelgewährleistungsrechts Anwendung finden kann, wenn ein Schaden gerade auf einem Sachmangel beruht[74]. Teilweise wird hier das Gewährleistungsrecht als spezieller und daher abschließend angesehen[75]. Die Rechtsprechung hat allerdings die Anwendbarkeit des Deliktsrechts bei sogenannten „weiterfressenden Mängeln" bejaht[76].

2. Das im vorliegenden Fall einzig in Betracht kommende Rechtsgut des § 823 I, das **Eigentum**, müßte verletzt

---

[74] Siehe zum Streitstand Braukmann/Schieder, Streitfragen Schuldrecht, Streitfrage 19.

[75] MünchKomm/Wagner, § 823 Rn. 126; kritisch auch Bamberger/Roth/Faust, § 437 Rn. 189 m.w.N.

[76] BGHZ 67, 359 (Schwimmschalterfall); BGHZ 86, 256 (Gaszugfall).

worden sein. **Eine Ansicht** geht davon aus, daß der Käufer einer mit einem Mangel behafteten Sache niemals mangelfreies Eigentum erworben habe, so daß es schon an einem tauglichen Verletzungsobjekt fehle, wodurch der Käufer im Ergebnis auf die Vorschriften des Sachmängelgewährleistungsrechts beschränkt sei[77]. Der Verkäufer habe mit der Lieferung einer mangelhaften Sache eine Pflicht aus dem Kaufvertrag und damit nur das Äquivalenzinteresse des Käufers verletzt. Das Gesetz stelle aber für diese Interesseverletzung das abschließende Gewährleistungsrecht zur Verfügung. Darüber hinaus wird vertreten, daß nach der Schuldrechtsreform, die eine Annäherung der Verjährungsfristen beim Gewährleistungs- und Deliktsrecht mit sich gebracht hat, keine Notwendigkeit mehr für die Anwendung des Deliktsrechts bestehe[78].

Die **Rechtsprechung** will hier hingegen differenzieren: Das Deliktsrecht soll dann anwendbar sein, wenn nicht nur das Äquivalenzinteresse, sondern darüber hinaus **auch** das Integritätsinteresse des Käufers betroffen ist. Das soll dann der Fall sein, wenn ein funktional abgrenzbarer und behebbarer Fehler der – ansonsten zunächst tauglichen – Kaufsache um sich greift und schließlich zur Beschädigung der ganzen Sache führt. An dieser Rechtsprechung wurde auch nach dem Inkrafttreten des neuen Schuldrechts festgehalten[79]. Als Abgrenzungskriterium verwendet der BGH die sogenannte **Stoffgleichheit**. Diese liegt vor, wenn sich der geltend gemachte Schaden mit dem im Augenblick des Eigentumsübergangs dem Produkt anhaftenden Mangelunwert, d.h. der im Mangel verkörperten Entwertung der Sache für das Äquivalenz- und Nutzungsinteresse, deckt[80]. Dabei darf für die Bejahung einer Eigentumsverletzung gerade keine Stoffgleichheit vorliegen. Wenn der Mangel-

---

[77] Reinicke, NJW 1986, 10; Honsell, JuS 1995, 211 (215).
[78] Jauernig/Berger, § 437 Rn. 36.
[79] BGH NJW 2004, 1032 (betrifft allerdings einen Fall, für den noch das alte Schuldrecht entscheidungserheblich war).
[80] BGH NJW 1985, 2429; Palandt/Sprau, § 823 Rn. 177.

unwert der Sache im Zeitpunkt der Übergabe mit dem später eintretenden Schaden weitgehend identisch ist, liegt Stoffgleichheit mit der Konsequenz vor, daß keine Verletzung des Eigentums gegeben ist. Die Rechtsprechung legt dabei eine **wertende Betrachtungsweise** von wirtschaftlich-technischer Art an und lehnt Stoffgleichheit dann ab, wenn der Mangel sich zunächst auf ein funktionell abgrenzbares Einzelteil bezieht und leicht behebbar ist. So liegt es hier: Der Mangel des gelieferten Kopierers lag in dem fehlerhaften Verbindungskabel. Dieser Mangel hat sich dann „weitergefressen". Der eingetretene Schaden ist daher nicht mit dem ursprünglichen Mangel identisch. Somit liegt eine Eigentumsverletzung der zunächst unbeschädigten, mangelfreien Restsache vor.

Die Ansicht der Rechtsprechung erscheint hier aufgrund der sorgfältigen Differenzierung vorzugswürdig.

Hinweis: Natürlich ist die Entscheidung in beide Richtungen möglich. Da beide Ansichten vertreten werden, sind die Lösungen gleichwertig.

---

3. Die übrigen Voraussetzungen des § 823 I liegen unproblematisch vor. Insbesondere sieht sich V nach den Angaben des Sachverhalts einem Fahrlässigkeitsvorwurf ausgesetzt. Eine Verjährung dieses Anspruchs ist noch nicht eingetreten, §§ 195, 199.

4. Ergebnis: K hat gegen V einen Anspruch aus § 823 I.

Fall 10: Aus eins mach zwei

▸ **Thema:** Mietrecht; Vertrag mit Schutzwirkung für Dritte

V ist Eigentümer einer kleinen Wohnung in Göttingen, die er nicht selbst bewohnt, sondern an Studenten vermietet. Als ein langjähriger Mieter nach erfolgreichem Examen kündigt, möchte er, um seine Einnahmeverluste möglichst gering zu halten, schnell wieder einen neuen Mieter finden und führt daher nur einige Schönheitsreparaturen durch. Das Geländer des zur Wohnung gehörenden Balkons, das (nach außen hin unerkennbar, dem V aber bekannt) brüchig geworden ist, läßt er hingegen, obwohl es nötig wäre, nicht reparieren, weil dies einige Zeit in Anspruch nehmen würde.

Es gelingt V, in dem Medizinstudenten M bald einen neuen Interessenten für ein Mietverhältnis zu finden. Bei einem Besichtigungstermin ist M von der Wohnung angetan, und V unterläßt es, auf das schadhafte Geländer hinzuweisen, weil er befürchtet, M könne auf eine entsprechende Mitteilung hin abspringen. Schließlich werden sich die beiden einig und kommen überein, daß M mit seiner Freundin F baldmöglichst einzieht. Der Mietvertrag indes wird nur zwischen V und M als Vertragsparteien geschlossen.

Nachdem M und F drei Wochen in der Wohnung leben, betritt die F eines Abends den Balkon und lehnt sich leicht gegen das Geländer. Aufgrund seiner Schadhaftigkeit bricht dieses jedoch aus seiner Verankerung, und F stürzt etwa zwei Meter in die Tiefe. Dabei zieht sie sich mehrere schmerzhafte Knochenbrüche zu.

F möchte den V auf Schadensersatz für ihre Behandlungskosten in Anspruch nehmen. V hingegen winkt ab mit dem Hinweis, F sei gar nicht Mieterin, und beruft sich im übrigen auf eine Klausel im Mietvertragsformular, nach der sämtliche Schadensersatzansprüche gegen den Vermieter ausgeschlossen sind. Hat F Ansprüche gegen den V?

I. Anspruch der F aus § 536a I 1. Alt.
1. Anspruchsvoraussetzungen
a) Bei Vertragsschluß vorhandener Mangel (+)
b) Vertretenmüssen des V: irrelevant, Anspruch verschuldensunabhängig
c) Zwischenergebnis: Anspruchsvoraussetzungen (+)
2. Problem: Gläubigerstellung der F
a) F ist nicht Vertragspartei
b) Einbeziehung der F in den Schutzbereich des Mietvertrages V/M
c) Zwischenergebnis: Einbeziehung der F (+)
3. Problem: Haftungsausschluß, hier aber gem. § 536d unwirksam
4. Ergebnis: Anspruch (+)

II. Anspruch der F aus § 823 I
1. Tatbestand (+)
2. Rechtswidrigkeit: Verstoß des V gegen Verkehrssicherungspflicht (+)
3. Verschulden (+)
4. Kausaler Schaden (+)
5. Ergebnis: Anspruch (+)

I. Anspruch der F aus § 536a I 1. Alt.

Der F könnte gegen den V ein Anspruch auf Ersatz ihrer Behandlungskosten aus § 536a I 1. Alt. zustehen.

1. Dann müßten die in dieser Vorschrift normierten Voraussetzungen vorliegen.

a) Zunächst müßte die Mietsache bei Vertragsschluß mit einem Mangel im Sinne des § 536 I behaftet sein, der ihre Tauglichkeit zum vertragsgemäßen Gebrauch aufhebt. Aus dem auf den zwischen den Parteien geschlossenen Vertrag abstellenden Wortlaut der Norm folgt, daß der Mangelbegriff hier wie auch in § 434 I beim Kaufvertrag und in § 633 II beim Werkvertrag ein subjektiver ist[81]. Unter einem Mangel der Mietsache ist demnach eine für den Mieter nachteilige Abweichung des tatsächlichen vom vertraglich voraus-gesetzten Zustand zu verstehen[82].

---

[81] Jauernig/Teichmann, § 536a Rn. 4 i.V.m. § 536 Rn. 4.
[82] Palandt/Weidenkaff, § 536 Rn. 16.

Als vertraglich vorausgesetzt muß vorliegend die Intaktheit des Balkongeländers gelten. Dessen Schadhaftigkeit stellt daher eine negative Abweichung des Istzustandes vom Sollzustand der Mietsache dar, die deren Tauglichkeit zum bestimmungsgemäßen Gebrauch mindert. Ein Mangel der Mietsache ist somit gegeben. Da das Geländer bereits *vor Abschluß des Mietvertrages* zwischen M und V schadhaft war, lag dieser Mangel auch schon bei Vertragsschluß vor.

b) Auf ein *Vertretenmüssen* des V kommt es in der hier einschlägigen 1. Alternative des § 536a I nicht an. Vielmehr haftet der Vermieter für Schäden, die aus bei Vertragsschluß bereits vorhandenen Mängeln resultieren, **verschuldens-unabhängig**.

Hinweis: Für bei Vertragsschluß bereits vorhandene Mängel der Mietsache trifft den Vermieter also eine **Garantie-haftung**. Diese rechtfertigt sich daraus, daß sich der Mieter auf die Tauglichkeit der Mietsache zum bestimmungs-gemäßen Gebrauch soll verlassen können[83]. Aus den Aufzeichnungen der Beratungen zum BGB geht hervor, daß der historische Gesetzgeber dem Vermieter insofern eine entsprechende stillschweigende Garantie unterstellt hat[84].

---

c) Die Anspruchsvoraussetzungen des § 536a I 1. Alt. liegen somit vor.

2. Fraglich ist jedoch, ob die F tatsächlich einen ent-sprechenden Anspruch geltend machen kann.

a) Es ist nämlich zu berücksichtigen, daß die F laut Sachverhalt nicht Vertragspartei geworden ist. Da aber die Ansprüche aus § 536a I dessen klarem Wortlaut nach zunächst einmal nur dem Mieter zustehen, erscheint es problematisch, die F als Gläubigerin eines entsprechenden Schadensersatzanspruches anzusehen.

---

[83] Vgl. Musielak, Grundkurs BGB, Rn. 659.
[84] Motive II, S. 377.

b) Der F könnte aber dann ein eigener Anspruch aus § 536a I 1. Alt. zustehen, wenn sie in den Schutzbereich des Mietvertrages zwischen M und V einbezogen worden wäre. Das könnte über die Grundsätze des **Vertrages mit Schutzwirkung für Dritte** der Fall sein.

Hinweis: Grundsätzlich entfalten Schuldverhältnisse nur Wirkungen *inter partes*, also zwischen den daran beteiligten Parteien[85]. Unter bestimmten Voraussetzungen können Dritte jedoch in den Schutzbereich eines Schuldverhältnisses einbezogen werden mit der Folge, daß sie *eigene Ansprüche* geltend machen können, wenn solche Pflichten aus dem Schuldverhältnis verletzt werden, die gerade auch ihnen gegenüber bestehen. Die **vier Voraussetzungen** für eine derartige Einbeziehung Dritter in den Schutzbereich eines Schuldverhältnisses (Vertrag mit Schutzwirkung für Dritte) sind[86]:

- Leistungsnähe:
Der Dritte muß in gleicher Weise wie der Gläubiger den mit der Schlechtleistung verbundenen Gefahren ausgesetzt sein.

- Gläubigernähe:
Es muß ein derartiges Näheverhältnis zwischen Gläubiger und Drittem bestehen, daß die Leistung bestimmungsgemäß auch dem Dritten zugute kommen soll.

- Erkennbarkeit für den Schuldner:
Der Schuldner muß zur Ermöglichung der Einschätzung seines Risikos erkennen können, daß es einen objektiv abgrenzbaren Personenkreis gibt, auf den die ersten beiden Voraussetzungen zutreffen (nicht nötig: Individualisierbarkeit der dritten Person).

---

[85] Vgl. dazu Medicus, Schuldrecht I (AT), Rn. 30 ff.
[86] Vgl. Bamberger/Roth/Janoschek, § 328 Rn. 50 ff.

- Schutzbedürftigkeit des Dritten:
Dem Dritten dürfen ohne die Einbeziehung in den Schutzbereich keine gleichwertigen (d.h. vertraglichen) Ansprüche
aufgrund der Schädigung zustehen.

Noch immer umstritten ist die Frage nach der **Rechtsgrundlage** für die Figur des Schuldverhältnisses mit
Schutzwirkung für Dritte[87]. Teilweise wird diese in einer
ergänzenden Vertragsauslegung gesehen[88], während
namentlich die Literatur das Institut als Produkt von auf
§ 242 beruhender richterlicher Rechtsfortbildung einstuft[89].
Diese Kontroverse spielt jedoch im Ergebnis keine Rolle und
wird überdies dadurch entschärft, daß heute von einer
gewohnheitsrechtlichen Anerkennung des Instituts
ausgegangen werden kann[90].

Nicht als Rechtsgrundlage für das Schuldverhältnis mit
Schutzwirkung für Dritte kommt der im Zuge der Schuld-
rechtsmodernisierung geschaffene § 311 III in Betracht, da
der Gesetzgeber hier andere Konstellationen im Blick hatte:
Hier geht es um eine Erweiterung auf Schuldner-, nicht auf
Gläubigerseite[91]. Die Norm zeigt aber gleichwohl, daß eine
Einbeziehung Dritter in den Wirkungskreis eines Schuld-
verhältnisses grundsätzlich möglich ist.

Vorliegend ist die F in gleicher Weise wie der M den mit
einer Schlechtleistung (Überlassung einer mangelbehafteten
Mietsache) verbundenen Gefahren ausgesetzt, so daß das
Kriterium der *Leistungsnähe* erfüllt ist. Auch ist *Gläubigernähe* der F zu bejahen, denn zwischen ihr und M besteht ein

---

[87] Siehe den Überblick über den Meinungsstand bei Braukmann/Schieder,
Streitfragen Schuldrecht, S. 37 ff.; vgl. auch MünchKomm/Gottwald, § 328
Rn. 101 f.
[88] RGZ 127, 218 (222); Staudinger/Jagmann (2004), § 328 Rn. 92 ff.;
Palandt/Grüneberg, § 328 Rn. 14.
[89] Jauernig/Stadler, § 328 Rn. 21.
[90] Ähnlich Brox/Walker, Allgemeines Schuldrecht, § 33 Rn. 6.
[91] Ablehnend insofern auch Jauernig/Stadler, § 328 Rn. 21, sowie
Staudinger/Jagmann (2004), § 328 Rn. 92.

auf gegenseitige Fürsorge angelegtes Näheverhältnis. Diese Gegebenheiten waren für V auch *erkennbar*, zumal da M ihm gegenüber laut Sachverhalt geäußert hatte, die Wohnung mit seiner Freundin beziehen zu wollen. Schließlich ist die F auch *schutzbedürftig*, da ihr selbst kein gleichwertiger Anspruch zusteht.

Beachte: Ein gleichwertiger Anspruch ist nur ein vertraglicher, nicht aber ein deliktischer Anspruch[92].

Die Voraussetzungen für eine Einbeziehung der F in den Schutzbereich des zwischen M und V geschlossenen Mietvertrages liegen somit vor.

Hinweis: Während die Einbeziehung des *Ehegatten* in den Schutzbereich eines Mietvertrages seit jeher unumstritten war, begegnete die Einbeziehung eines bloßen *Lebensgefährten* teilweise Bedenken[93], ist heute aber allgemein anerkannt[94].

---

c) Mithin kann festgehalten werden, daß die F kraft der Grundsätze des Vertrages mit Schutzwirkung für Dritte ebenfalls Gläubigerin des Schadensersatzanspruches aus § 536a I 1. Alt. ist.

3. Der Geltendmachung dieses Anspruchs durch die F könnte nun aber noch der im Mietvertrag vereinbarte Haftungsausschluß entgegenstehen. Wie § 536d zeigt, ist ein solcher Haftungsausschluß zwar grundsätzlich möglich[95].

---

[92] Siehe zu den Schwächen eines deliktischen Anspruchs in den gegebenen Konstellationen den Hinweis am Ende der Lösung.
[93] Ablehnend noch OLG Hamm, FamRZ 1977, 318 (320).
[94] Vgl. OLG Hamburg, NJW-RR 1988, 1481; Palandt/Grüneberg, § 328 Rn. 28; Jauernig/Stadler, § 328 Rn. 32; MünchKomm/Gottwald, § 328 Rn. 155; Bamberger/Roth/Janoschek, § 328 Rn. 70.
[95] Vgl. auch Musielak, Grundkurs BGB, Rn. 659.

Jedoch statuiert diese Norm dessen **Unwirksamkeit bei arglistigem Verschweigen** eines Mangels. Hier hat V den in der Brüchigkeit des Balkongeländers bestehenden Mangel verschwiegen. *Arglistig* handelt der Vermieter, wenn er bei Vertragsabschluß davon ausgeht, daß der Mieter den Mangel nicht kennt und bei Kenntnis den Vertrag nicht abschließen würde[96]; der Vermieter muß demnach also vorsätzlich handeln, um den beabsichtigten Vertragsschluß nicht zu gefährden. Das ist laut Sachverhalt hier der Fall: V befürchtet, daß M bei Offenbarung des Mangels „abspringen" könnte, und handelt mithin arglistig. Demnach ist der vertraglich vereinbarte Haftungsausschluß hier gemäß § 536d unwirksam.

Darüber hinaus ist dem Sachverhalt zu entnehmen, daß V für den Vertrag mit M ein Formular verwendet. Daher greift des weiteren auch noch § 309 Nr. 7a ein.

4. Im **Ergebnis** kann damit die F, obwohl sie selbst nicht Vertragspartei geworden ist, von V Schadensersatz für die entstandenen Behandlungskosten gemäß § 536a I 1. Alt. verlangen. Darüber hinaus hat sie gemäß § 253 II auch Anspruch auf ein angemessenes Schmerzensgeld.

II. Anspruch der F aus § 823 I

1. Durch das Unterlassen der nötigen Reparatur oder zumindest einer entsprechenden Warnung hat V bei F kausal (haftungsbegründende Kausalität) eine Körperverletzung herbeigeführt und damit den **Tatbestand** des § 823 I verwirklicht.

2. Fraglich ist jedoch, ob dies auch in **rechtswidriger** Weise geschehen ist. Nach h.M. ist nämlich bei Unterlassungen die Rechtswidrigkeit nicht bereits durch die Verwirklichung des Tatbestandes indiziert, sondern muß gesondert überprüft

---

[96] Palandt/Weidenkaff, § 536d Rn. 1.

werden. Sie soll dann vorliegen, wenn in der Unterlassung die Verletzung einer Verhaltenspflicht liegt[97].

Hier trifft den V sicher die Pflicht, das Geländer zu reparieren oder zumindest vor seiner Schadhaftigkeit zu warnen (Verkehrssicherungspflicht). Diese Pflicht hat er verletzt und damit rechtswidrig gehandelt.

3. Bezüglich der Verletzung der F handelte der V jedenfalls grob fahrlässig, eventuell trifft ihn sogar der Vorwurf bedingten Vorsatzes. Ein **Verschulden** ist somit zu bejahen.

Beachte: Die Arglist bzw. der Vorsatz hinsichtlich des Verschweigens des Mangels der Mietsache im Rahmen der Prüfung der Unwirksamkeit des vereinbarten Haftungsausschlusses nach § 536d und Vorsatz bzw. Fahrlässigkeit im Rahmen des deliktischen Ersatzanspruches aus § 823 I haben unterschiedliche Bezugspunkte: Im ersten Fall geht es nur um das Verschweigen als solches, im zweiten um die daraus resultierenden Folgen, also eine mögliche Verletzung der F. Hier wäre es daher überaus unsauber, das Verschulden des V mit dem vorsätzlichen Verschweigen des Mangels zu begründen!

---

4. Die rechtswidrige und von V zu vertretende Rechtsgutsverletzung hat ihrerseits bei F zu einem kausalen Schaden in Gestalt der ihr entstandenen Behandlungskosten geführt. Haftungsausfüllende Kausalität ist also gegeben.

5. Im **Ergebnis** liegen die Anspruchsvoraussetzungen somit vor, so daß die F auch aus § 823 I von V Ersatz ihrer Behandlungskosten sowie nach § 253 II ein angemessenes Schmerzensgeld verlangen kann.

---

[97] Streitig ist bei Unterlassungen, ob die Rechtspflicht zum Tätigwerden bereits Tatbestandsmerkmal sein oder erst bei der Frage nach der Rechtswidrigkeit Bedeutung erlangen soll; vgl. dazu Musielak, Examenskurs BGB, Rn. 178 f.

Hinweis: Seine eigentliche Bedeutung entfaltet das Institut des Vertrages mit Schutzwirkung für Dritte dann, wenn (anders als im vorliegenden Fall) ein *deliktischer Schadensersatzanspruch* des Geschädigten scheitert. Das ist immer dann der Fall, wenn der Schuldner zur Erfüllung seiner Verpflichtungen seinerseits Dritte einschaltet, dementsprechend selbst deliktisch nur über § 831 I 1 zu belangen ist und sich zu exkulpieren vermag. Ist dann der eingeschaltete Dritte mittellos, so daß ein Anspruch gegen ihn wertlos ist, bliebe der Geschädigte ohne Ersatz.

Ein Beispiel für eine solche Konstellation läßt sich durch **Abwandlung** des vorliegenden Falles leicht bilden: V kümmert sich nicht selbst um das Mietobjekt, sondern überläßt dies seinem Hausmeister H. H ist für diese Tätigkeit qualifiziert, arbeitet sonst immer zuverlässig und hat nur in diesem einen Fall vergessen, den V zu informieren und das Geländer reparieren zu lassen. Hier käme ohne die Lehre vom Vertrag mit Schutzwirkung für Dritte für die F nur ein Anspruch aus § 831 I 1 gegen den V in Betracht. Dieser würde jedoch scheitern, weil dem V problemlos die Exkulpation gemäß § 831 I 2 gelingen würde. Wäre jetzt der H mittellos, so daß ein gegen ihn gerichteter Anspruch der F aus § 823 I ihr nichts einbrächte, bliebe sie ohne Schadensersatz, was als unbillig erscheint.

Die Stärke des Vertrages mit Schutzwirkung für Dritte liegt also im wesentlichen darin, die Exkulpationsmöglichkeit des § 831 I 2 zu umgehen; bei Einschaltung Dritter gilt hier nämlich § 278, der eine Exkulpationsmöglichkeit gerade nicht kennt, weil er nicht wie § 831 auf eigenes Verschulden des Geschäftsherrn abstellt, sondern diesem das in der Person des Erfüllungsgehilfen gegebene Verschulden *zurechnet.* Darüber hinaus kommt dem Gläubiger hier auch noch die Beweislastumkehr des § 280 I 2 zugute[98].

---

[98] Vgl. zu den Vorteilen des Vertrages mit Schutzwirkung für Dritte gegenüber deliktischen Ansprüchen auch Brox/Walker, Allgemeines Schuldrecht, § 33 Rn. 4 f., sowie Medicus, Schuldrecht I (AT), Rn. 772.

Fall 11: Bauer Boltes Hütte

▶ **Thema:** Werkvertrag, Gefahrtragung

Bauer Bolte (B) möchte auf seinem expandierenden Bauernhof eine weitere Scheune bauen lassen, die er vor allem zur Lagerung von Heu nutzen will. Zu diesem Zweck gibt er dem Unternehmer Under (U) den Auftrag, den Bau der Scheune vorzunehmen. Dieser beginnt alsbald mit den erforderlichen Bauarbeiten.

Dem Mangel an Lagerkapazität möchte der B nunmehr dadurch begegnen, daß er die restlichen Heuballen in die Scheune einbringt, obwohl das Bauvorhaben noch nicht beendet bzw. die Scheune noch nicht fertiggestellt und übergeben worden ist. Aufgrund einer sommerlichen Hitzeperiode entzündet sich das eingebrachte Heu, so daß die noch unfertige Scheune komplett abbrennt. U verlangt von B Bezahlung für seine bisherige Arbeit, insbesondere mit Blick auf seine bis zu diesem Zeitpunkt vergeblichen Anstrengungen und Auslagen. Zu Recht?

I. Anspruch des U gegen B aus § 631 I
1. Anspruch entstanden? Werkvertrag, § 631 I (+)
2. Anspruch untergegangen?
   a) Voraussetzungen des § 326 I 1
     aa) Gegenseitiger Vertrag
     bb) Leistungsbefreiung gemäß § 275 I-III
   b) Ausnahme: § 644 I 1
   c) Ausnahme: § 645 I 1
   d) Ausnahme: § 645 I 1 analog (+)
   e) Verhältnis zu § 326 II 1 1. Var.
3. Anspruch durchsetzbar? (+)

II. Ergebnis: Anspruch des U gegen B aus § 631 I (+)

I. Anspruch des U gegen B auf Zahlung des Werklohns aus § 631 I

U könnte gegen B einen Anspruch auf Zahlung des Werklohns für den Bau der Scheune aus § 631 I haben.

1. Dazu müßte zunächst ein **Anspruch entstanden** sein. U hat sich hier zur Herstellung der Scheune verpflichtet. Es ist gerade die Herstellung des Baus und damit der Erfolg geschuldet, so daß es sich nicht um einen Dienstvertrag handelt, der sich letztlich nur auf die Tätigkeit bezieht. Die Tatsache, daß der Sachverhalt die synallagmatische Gegenleistung des Werklohns nicht erwähnt, ist vor dem Hintergrund einer stillschweigenden Vergütungsabrede i.S.d. § 632 unbeachtlich (sog. **Vergütungsfiktion**).

Hinweis: Wichtig ist regelmäßig die Abgrenzung des Werkvertrags vom Kaufvertrag. Bei einem Kaufvertrag verpflichtet sich der Verkäufer zur Lieferung einer bereits in der Welt befindlichen Sache. Bei einem Werkvertrag hat der Unternehmer die Sache erst herzustellen. Wenn sich der Unternehmer nun verpflichtet, ein Werk erst aus von ihm selbst zu beschaffenden Sachen herzustellen, ist zu entscheiden, ob die Regeln über den Werk- oder über den Kaufvertrag Anwendung finden.

Gemäß § 651 S.1 findet auf einen Vertrag, der die Lieferung herzustellender oder zu erzeugender *beweglicher* Sachen zum Gegenstand hat (**Werklieferungsvertrag**), das Kaufrecht Anwendung. Im Umkehrschluß läßt sich folgern, daß das Werkvertragsrecht im wesentlichen auf die Herstellung von Bauwerken, nicht körperlichen Werken und auf Reparaturarbeiten beschränkt werden kann[99].

---

[99] Vgl. Brox/Walker, Besonderes Schuldrecht, § 22 Rn. 11.

Die Tatsache, daß im vorliegenden Fall unter praktisch motivierten Überlegungen wahrscheinlich die Verdingungsordnung für Bauleistungen (VOB) zugrunde gelegt worden wäre, soll hier nicht weiter berücksichtigt werden.

U und B haben einen wirksamen Werkvertrag über die Herstellung einer Scheune auf dem Bauernhof des B geschlossen; eine Vergütung gilt als stillschweigend vereinbart. Somit ist ein Anspruch grundsätzlich entstanden.

2. Der Anspruch dürfte ferner **nicht untergegangen** sein.

a) Der Anspruch auf Kaufpreiszahlung könnte allerdings gemäß § 326 I 1 erloschen sein.

aa) Bei dem Werkvertrag handelt es sich unproblematisch um einen gegenseitigen Vertrag, so daß § 326 Anwendung findet.

bb) Weitere Voraussetzung des § 326 I ist die Befreiung des Schuldners von seiner Leistungspflicht i.S.d. § 275. Die Scheune ist durch das Feuer zerstört worden. Es liegt echte Unmöglichkeit i.S.d. § 275 I vor.

Hinweis: Es geht vorliegend gerade um die Vergütung für die bisher bereits geleistete Arbeit. Das Werk kann nicht mehr vollendet werden, daher greift § 275 ein. Inwieweit von U erneute Leistungsanstrengungen geschuldet werden, ist eine davon zu trennende und hier zunächst nicht relevante Frage[100].

---

[100] Zu der Frage, ob bei Eingreifen einer besonderen werkvertraglichen Gefahrtragungsregel der Unternehmer zur Leistung verpflichtet bleibt, siehe Brox/Walker, Besonderes Schuldrecht, § 23 Rn. 8.

b) Grundsätzlich bewirkt die Leistungsbefreiung des Schuldners in einem Gegenseitigkeitsverhältnis, daß gleichzeitig sein Anspruch auf die Gegenleistung entfällt, § 326 I 1. Der Besteller kann aber ausnahmsweise weiterhin zur Leistung der (stillschweigend) vereinbarten Vergütung verpflichtet sein, wenn die Gegenleistungsgefahr auf ihn übergegangen ist. Das Werkvertragsrecht enthält selbst spezielle Anspruchserhaltungsnormen, die den allgemeinen des § 326 II vorgehen. In Betracht kommt hier zunächst ein Gefahrübergang nach § 644 I 1.

Gemäß **§ 644 I 1** geht die Gegenleistungsgefahr, d.h. die Vergütungsgefahr, mit der Abnahme des Werkes durch den Besteller auf diesen über. In solchen Fällen kann der Unternehmer die vereinbarte Vergütung vom Besteller verlangen.

Beachte: Bis zu diesem Zeitpunkt trägt der Unternehmer das Risiko, keine Vergütung für seine Arbeit zu erhalten. Dies ist die Konsequenz aus der *Erfolgsbezogenheit* des Werkvertrages und trägt der Vorleistungspflicht des Unternehmers Rechnung[101]. Daß allerdings der Unternehmer ab der Abnahme trotz zufälligen Untergangs des Werkes seine Vergütung erhält, bedeutet zugleich eine inzidente Regelung der Leistungsgefahr, da er das Werk nicht erneut herzustellen braucht[102].

Im Mittelpunkt steht somit der Begriff der **Abnahme** (vgl. §§ 640, 646). Der entsprechende Zeitpunkt bewirkt ein Umschlagen der vertraglichen Beziehungen[103], wodurch die Rechtsposition des Unternehmers erheblich verstärkt wird (Beweislast für Mängel, Beendigung der Vorleistungspflicht und Zug-um-Zug-Abwicklung, Beginn der Verjährung für die Rechte des Bestellers bei Mängeln).

---

[101] Bamberger/Roth/Voit, § 644 Rn. 3.
[102] Brox/Walker, Besonderes Schuldrecht, § 23 Rn. 8.
[103] Bamberger/Roth/Voit, § 640 Rn. 1 ff.

> **Abnahme** bedeutet die körperliche Hinnahme im Rahmen der Besitzübertragung, verbunden mit der Anerkennung des Werkes als in der Hauptsache vertragsgemäße Leistung[104].

Die Scheune befand sich hier allerdings noch in der Bauphase; eine Abnahme des Werkes durch B hat gerade noch nicht stattgefunden. Folglich ist die Gefahr nicht nach § 644 I 1 auf den B übergegangen.

c) Hier muß jedoch dem Umstand Rechnung getragen werden, daß der B während des Bauprozesses Heu in die unfertige Scheune eingebracht hat. Dieses Vorgehen war letztlich ursächlich für die Zerstörung der Scheune durch das Feuer. Möglicherweise könnte dieser Aspekt von der zweiten speziellen Anspruchserhaltungsnorm des Werkvertragsrechts erfaßt werden. § 645 I 1 enthält zwei Tatbestände, die dem Unternehmer bereits vor Abnahme des Werkes den Vergütungsanspruch belassen.

So kann der Unternehmer nach **§ 645 I 1** einen seiner geleisteten Arbeit entsprechenden Teil der Vergütung und Ersatz der in der Vergütung nicht inbegriffenen Auslagen verlangen, wenn das Werk infolge eines Mangels des von dem Besteller gelieferten Stoffes oder infolge einer vom Besteller für die Ausführung erteilten Anweisung untergegangen, verschlechtert oder unausführbar geworden ist. Im vorliegenden Fall hat B Heu in die Scheune eingebracht. Damit liegt weder ein Mangel des von ihm gelieferten Stoffes noch eine zu einer Verschlechterung führende Anweisung vor. § 645 I 1 führt in *direkter Anwendung* nicht zu einem Gefahrübergang.

d) Das bisherige Ergebnis erscheint vor allem unter dem Gesichtspunkt nicht sachgerecht, daß sich der Schaden gerade aufgrund einer von B herbeigeführten Risikolage ergeben hat.

---

[104] Palandt/Sprau, § 640 Rn. 3.

Wenn man den *Sinn und Zweck* des § 645 I 1 näher be-
leuchtet, so erkennt man, daß diese Vorschrift gerade auf
die objektive Verantwortung des Bestellers für den Eintritt
des Schadens abzielt[105]. Es geht dabei um Fälle, in denen
der Besteller durch sein Dazutun eine Risikolage schafft.

Wenn man dies vor dem Hintergrund des zugrunde-
liegenden Falls betrachtet, so muß eine *analoge
Anwendung des § 645 I 1* auf solche Sachverhalte in
Betracht gezogen werden, die mit den hier geregelten
Konstellationen *vergleichbar* sind. Dies muß insbesondere
dann gelten, wenn die Leistungspflicht des Unternehmers
aufgrund von Umständen untergeht, die in der Person oder
Handlung des Bestellers liegen[106].

Hier hat B durch das Einbringen des Heus die noch
unfertige Scheune in eine Lage versetzt, die eine
Gefährdung des Werks mit sich gebracht hat. Es wurde eine
Kausalkette in Gang gesetzt, die letztlich zu dem Untergang
der Leistungspflicht geführt hat. Eine entsprechende
Anwendung des § 645 I 1 ist insbesondere auch deswegen
geboten, da es bei einer solch gefahrerhöhenden Handlung
des Bestellers ebenso unbillig wäre, den Unternehmer leer
ausgehen zu lassen, wie bei den in § 645 I 1 geregelten
Tatbeständen.

Somit beläßt § 645 I 1 in analoger Anwendung dem U den
Anspruch auf die Vergütung. Bei deren Bemessung handelt
es sich aber lediglich um eine *Teilvergütung,* die sich nach
dem Anteil der bereits geleisteten Arbeit richtet, § 645 I 1. U
kann also nicht die Gesamtvergütung verlangen.

---

[105] Palandt/Sprau, § 645 Rn. 7.
[106] BGHZ 40, 71, 74 f.

> **Hinweis:** Die entsprechende Anwendung des § 645 I 1 war sicherlich schwierig zu erkennen und verdeutlicht die Interessenabwägung zwischen dem § 644, der vor Abnahme des Werks das Vergütungsrisiko dem Unternehmer allein zuweist, und dem § 645, der mittels Einzelfallanalogie zu einem gerechten Ausgleich führen soll. Die herrschende Meinung wehrt sich allgemein gegen eine zu weite Auslegung des § 645 im Sinne einer Sphärentheorie, erkennt aber die für eine Analogie erforderliche Regelungslücke bei einer Verantwortlichkeit des Bestellers an[107].

e) Um den Anspruch des U auf Vergütung zu erhalten, kann man anstelle der analogen Anwendung des § 645 I 1 auch die Anspruchserhaltungsnorm des **§ 326 II 1 1. Var.** in Betracht ziehen.

Die Anwendung dieser allgemeinen Norm hätte den Vorteil, daß die Gesamtvergütung abzüglich ersparter Aufwendungen verlangt werden könnte. § 326 II 1 1. Var. setzt aber voraus, daß der Gläubiger (Besteller) für den Umstand, auf Grund dessen der Schuldner (Unternehmer) nicht zu leisten braucht, allein oder weit überwiegend verantwortlich ist. Durch die entsprechende Anwendung der §§ 276, 278 ist zumindest ein *Fahrlässigkeitsvorwurf* notwendig, der hier aber abzulehnen ist, denn bei der laut Sachverhalt gegebenen Selbstentzündung des Heus handelt es sich um ein Naturereignis.

An dieser Stelle zeigt sich der Unterschied zu § 645 I 1, der dem Besteller bereits solche Ursachen zurechnet, in denen er zwar nicht sorgfaltswidrig, aber insgesamt verantwortlich und gefahrerhöhend gehandelt hat[108].

---

[107] Bamberger/Roth/Voit, § 645 Rn. 17, 18.
[108] Jauernig/Mansel, § 645 Rn. 5.

Das grundsätzliche Verhältnis der §§ 645 und 323 ff. zueinander ist das einer *lex specialis* zu einer *lex generalis*[109]. Der daraus resultierende Vorrang entfällt jedoch bei einem *Verschulden des Bestellers*, so daß in einem solchen Fall die *gesamte Vergütung* abzüglich etwaiger ersparter Aufwendungen zu zahlen wäre.

3. Der Anspruch ist auch **durchsetzbar.**

II. Ergebnis

U kann von B Vergütung für seine bis zur Zerstörung der Scheune geleistete Arbeit gemäß § 631 I verlangen.

---

[109] Bamberger/Roth/Voit, § 645 Rn. 35.

Fall 12: Gemäldesammlung

▶ **Thema:** Werkvertrag, Gewährleistung und Kündigung

Museumsdirektor Munch (M) liefert zehn wertvolle Bilder aus seinem Museum an den Restaurator Rohlig (R), der diese säubern und teilweise ausbessern soll. Nach einer Woche ist R mit den ersten fünf Bildern fertig, die auch von M abgeholt werden. Bei der Entgegennahme der Bilder durch M erkennt dieser, daß ein Gemälde fehlerhafte Strukturen aufweist, die durch die Restaurierung hervorgerufen worden sind. M nimmt die Bilder entgegen, teilt aber R seine Absicht mit, sich diesbezüglich noch einmal bei ihm zu melden.

Noch am selben Tag verlangt M die Beseitigung des Mangels von R, die dieser jedoch strikt ablehnt, da M den Mangel doch bei der Übergabe erkannt habe.

Nunmehr erfährt M von einem befreundeten Mitarbeiter des Museums, daß der R in Fachkreisen keinen guten Ruf genießt. Besorgt um seine restlichen Bilder gibt M das schadhafte Gemälde einem anderen Restaurator zur Nachbesserung, kündigt ohne Angabe eines Grundes den Vertrag mit R und verlangt von diesem die Erstattung der Kosten für die Ersatzrestaurierung. R verlangt seinerseits Bezahlung der vollen Vergütung. Wie ist die Rechtslage?

I. Anspruch des M gegen R aus §§ 634 Nr. 2, 637 I, 633 II 1
1. Werkvertrag, § 631 I
   a) Auflösung durch Kündigung?
   b) Kündigungsgrund, § 649 S.1
   c) Zwischenergebnis
2. Mangel des Werkes
   a) Sachmangel, § 633 II 1 (+)
   b) Abnahme als maßgeblicher Zeitpunkt, § 640 I
   c) Kenntnis des Mangels, § 640 II
3. Rechtsfolgen der Mangelhaftigkeit, § 634
   a) Aufwendungsersatzanspruch, §§ 634 Nr. 2, 637 I
   b) Erfolglose Bestimmung einer Nachfrist
   c) Entbehrlichkeit der Fristsetzung nach §§ 637 II, 323 II Nr. 1
4. Rechtsfolge
5. Ergebnis: Anspruch des M gegen R aus §§ 634 Nr. 2, 637 I, 633 II 1 (+)

> **II. Anspruch des R gegen M aus § 631 I**
> 1. Anspruch auf Vergütung für die bereits erbrachten Leistungen, § 631 I
> 2. Anspruch auf Vergütung für die noch nicht erbrachten Leistungen,
>   §§ 631 I, 649 S. 2
> 3. Zwischenergebnis
> 4. Aufrechnung, § 387
>   a) Aufrechnungslage
>   b) Aufrechnungserklärung, § 388
> 5. Ergebnis: Anspruch des R gegen M aus § 631 I (+)

I. Anspruch des M gegen R auf Aufwendungsersatz gemäß §§ 634 Nr. 2, 637 I, 633 II 1

M könnte gegen R einen Anspruch auf Aufwendungsersatz für die anderweitige Restauration des schadhaften Gemäldes gemäß §§ 634 Nr. 2, 637 I, 633 II 1 haben.

1. Voraussetzung für diesen Anspruch ist das Bestehen eines wirksamen Werkvertrages nach § 631 I. M hat dem R zehn Gemälde aus seinem Museum zur Restauration gegeben. Eine Vergütung wurde nicht ausdrücklich vereinbart, wird aber zumindest als stillschweigend vereinbart fingiert, § 632. Ein Werkvertrag ist somit zunächst wirksam abgeschlossen worden.

a) Fraglich ist aber, inwiefern die Kündigung des M auf das Bestehen des Vertrages wirkt. Die Kündigung ist in ihrer Wirkung allerdings **lediglich auf die Zukunft gerichtet** und läßt das Rechtsverhältnis bis zur Kündigung fortbestehen (Wirkung *ex nunc*). Der Werkvertrag bleibt trotz einer wirksamen Kündigung für die bereits erbrachten Leistungen in Kraft.

b) Das Kündigungsrecht folgt im vorliegenden Fall aus § 649 S. 1. M kann als Besteller jederzeit und ohne Angabe von Gründen bis zur Vollendung des Gesamtwerkes den Vertrag kündigen. Die Kündigungserklärung als einseitige, empfangsbedürftige Willenserklärung ist laut Sachverhalt erfolgt.

c) Der Werkvertrag zwischen M und R wird dadurch auf die bereits dem M ausgehändigten Bilder beschränkt. Der bis zur Kündigung noch nicht erbrachte Teil der Leistung ist nicht mehr geschuldet.

2. Ähnlich wie beim Kaufvertrag ist der Unternehmer beim Werkvertrag verpflichtet, dem Besteller das Werk frei von Sach- und Rechtsmängeln zu verschaffen, § 633 I. Ist das Werk mit einem solchen Mangel behaftet, so liegt eine Pflichtverletzung vor, die die in § 634 aufgeführten Rechte des Bestellers auslösen kann. Hier zeigt sich deutlich die Angleichung der Gewährleistungsregeln von Kauf- und Werkvertragsrecht (vgl. nur § 437) durch die Schuldrechtsreform.

a) Für den Begriff des Sachmangels gilt das zum Kaufrecht Gesagte[110]. Es ist ein Vergleich der Ist- mit der Sollbeschaffenheit anzustellen. Das Werk ist mangelhaft, wenn es nicht die vereinbarte Beschaffenheit hat, § 633 II 1. Somit liegt dieser Norm ebenfalls der subjektive Fehlerbegriff zugrunde. Auch § 633 zeichnet sich genau wie § 434 durch ein abgestuftes Prüfungssystem aus, das von einer subjektiven Komponente ausgehend am Ende auch objektive Maßstäbe berücksichtigt.

Ein Gemälde weist nach der Restauration durch M schadhafte Strukturen auf. Dies ist offensichtlich eine Abweichung der Ist- von der Sollbeschaffenheit. M und R haben zwar nicht ausdrücklich über diesen Punkt gesprochen; gleichwohl ist dieser Punkt einem solchen auf Reparatur gerichteten Vertrag immanent, so daß die Freiheit von aus unsachgemäßer Arbeit resultierenden Strukturfehlern als eine konkludente Beschaffenheitsvereinbarung anzusehen ist. Ein Sachmangel liegt mithin gemäß § 633 II 1 vor.

---

[110] Vgl. Fall 7 in diesem Skript.

b) Die Verschaffung eines mangelhaften Werkes ist keine ordnungsgemäße Erfüllung i.S.d. § 633 I. Der Besteller hat also weiterhin seinen ursprünglichen Erfüllungsanspruch, modifiziert durch die Gewährleistungsregeln. Maßgeblicher Zeitpunkt für das Vorliegen des Mangels und damit für die Geltendmachung der Rechte des Bestellers aus § 634 ist die Abnahme, § 640 I.

Abnahme bedeutet dabei die körperliche Hinnahme im Rahmen der Besitzübertragung, verbunden mit der Anerkennung des Werkes als in der Hauptsache vertragsgemäße Leistung[111].

R hat M bereits fünf Bilder überreicht, unter denen sich das schadhafte befand.

c) Problematisch ist hier die **positive Kenntnis** des M von dem Mangel. Bei der Entgegennahme der Bilder hat er die Schadhaftigkeit des Bildes erkannt und dem R gegenüber darauf hingewiesen. Gleichwohl hat er die Bilder angenommen. Dies könnte zur Beschränkung seiner Mängelrechte führen. Nach **§ 640 II** entfallen bei Kenntnis des Mangels die Rechte des Bestellers aus § 634 Nr. 1 bis 3. Dieser Umstand könnte vom Unternehmer als dauernde Einrede geltend gemacht werden.

Beachte: Die Regelung des § 640 II beläßt dem Besteller trotz Kenntnis des Mangels jedenfalls seine Rechte aus § 634 Nr. 4, d.h. insbesondere Schadensersatzansprüche. Nach wertender Betrachtung bleibt bei dieser unterschiedlichen Behandlung allerdings ein gewisses Unbehagen, da § 640 II gerade das widersprüchliche Verhalten des Bestellers erfassen will. Der Grund der Differenzierung wird darin gesehen, daß ein solcher Schadensersatzanspruch ohnehin an der Hürde des Vertretenmüssens gemäß §§ 280 I 2, 276 gemessen werden muß[112].

---

[111] Palandt/Sprau, § 640 Rn. 3.
[112] So Bamberger/Roth/Voit, § 640 Rn. 41.

§ 640 II macht aber deutlich, daß diese Folge nur eintreten soll, wenn der Besteller das Werk *vorbehaltlos* annimmt. Er würde sich sonst bei der Geltendmachung der Rechte trotz vorbehaltloser Abnahme in Widerspruch zu seinem vorherigen Verhalten setzen *(venire contra factum proprium)*.

Laut Sachverhalt möchte sich M wegen des Mangels am Bild noch einmal bei R melden. Dies ist offensichtlich dahin auszulegen, daß er sich hier seine Mängelrechte vorbehält, so daß seine Kenntnis nicht zum Verlust seines etwaigen Nacherfüllungsanspruchs führt, § 640 II.

3. Durch die Verschaffung eines mangelhaften Werks hat R eine **Pflichtverletzung** i.S.d. § 633 I begangen, die die Rechte des M als Besteller gemäß § 634 auslöst. § 634 enthält wie § 437 Rechtsgrundverweisungen sowohl in das allgemeine Leistungsstörungsrecht als auch in die Normen des spezielleren Werkvertragsrechts, jeweils abhängig vom Begehren des Bestellers. Die Parallele zu den Vorschriften des Kaufrechts ist offensichtlich, lediglich die Möglichkeit der *Selbstvornahme* und der daraus resultierende Aufwendungsersatzanspruch ist dem Werkvertragsrecht eigen.

a) M hat das schadhafte Bild einem anderen Restaurator zur Verbesserung gegeben. Gemäß §§ 634 Nr. 2, 637 I kann er den Mangel des Werkes selbst beseitigen oder von einem Dritten beseitigen lassen und Ersatz der dafür erforderlichen Aufwendungen verlangen.

b) Auch im Werkvertragsrecht gilt der *Vorrang des Nacherfüllungsanspruchs*. Bevor M als Besteller Aufwendungsersatz für die Selbstvornahme verlangen kann, muß er dem R erfolglos eine **Frist zur Nacherfüllung** gesetzt haben, vgl. § 637 I.

Beachte: Im Rahmen der Nacherfüllung im Werkvertragsrecht zeigt sich ein Unterschied zum Kaufrecht. Konnte dort der Käufer grundsätzlich die Art der Nacherfüllung (Nachlieferung oder Nachbesserung) bestimmen (§ 439 I), so liegt die Entscheidung beim Werkvertrag gerade beim Unternehmer (§ 635 I). Dies hängt mit dem Charakter des Werkvertrages zusammen, in dem i.d.R. der Unternehmer besser entscheiden kann.

M hat den R zwar zur Nacherfüllung aufgefordert, diesem jedoch keine Frist gesetzt.

c) Eine **Fristsetzung** kann allerdings gemäß **§ 637 II,** der mit seiner Verweisung auf § 323 in das allgemeine Leistungsstörungsrecht führt, **entbehrlich** sein.

Gemäß § 323 II Nr. 1 ist eine Fristsetzung entbehrlich, da sie bloße Formalität wäre, wenn der Schuldner die Leistung ohnehin ernsthaft und endgültig verweigert. Diese Ausnahme ist dann einschlägig, wenn der Schuldner deutlich seine Leistungsbereitschaft verweigert und quasi sein „letztes Wort" gesprochen hat. R hat hier die Nacherfüllung strikt abgelehnt. Eine etwaige Fristsetzung durch M wäre völlig sinnlos. Aus diesem Grund kann M sofort seine Mängelrechte geltend machen.

4. M hat somit das Recht der Selbstvornahme gemäß § 637 I, die er durch einen anderen Restaurator hat durchführen lassen. Daraus ergeben sich Aufwendungen, die er von R ersetzt verlangen kann. Dieser Anspruch ist auch nicht ausgeschlossen, da R kein Recht i.S.d. §§ 637 I, 275 II, III hat, die Nacherfüllung zu verweigern.

5. Ergebnis: M kann von R Ersatz seiner Aufwendungen für die Selbstvornahme gemäß §§ 634 Nr. 2, 637 I, 633 II 1 verlangen.

II. Anspruch des R gegen M auf Vergütung aus § 631 I

R verlangt von M die volle Vergütung für seine Tätigkeit. R könnte gegen M einen solchen Anspruch auf Vergütung für die Restaurierung der Bilder aus § 631 I haben. Hier ist zwischen dem bereits erbrachten und dem noch nicht erbrachten Werkteil zu differenzieren[113].

1. Der wirksam geschlossene Werkvertrag zwischen M und R bleibt wegen der *ex-nunc*-Wirkung der Kündigung durch M für die bereits erbrachten Leistungen bestehen. R kann von M Vergütung für die ersten fünf Bilder aufgrund des wirksamen Werkvertrages gemäß § 631 I verlangen.

2. Das rechtliche Schicksal der vollständigen Vergütung ist verknüpft mit der Frage der rechtlichen Einordnung der Kündigung durch M. Wie oben geprüft, hat die Kündigung das Rechtsverhältnis nur auf die bis zur Kündigung vollzogenen Leistungen beschränkt. Somit würde grundsätzlich ein Anspruch auf Vergütung aus § 631 I entfallen, insbesondere auch deswegen, weil R noch nicht mit der Restaurierung der übrigen Bilder begonnen hat.

§ 649 S. 1 gibt dem Besteller ein *besonderes Kündigungsrecht*, so daß dieser ohne Angabe von Gründen den Vertrag mit dem Unternehmer kündigen kann. Dies kann aufgrund bereits erfolgter, wirtschaftlich relevanter Dispositionen zu enormen Planungsschwierigkeiten für den Unternehmer führen. Im Gegenzug beläßt § 649 S. 2 deswegen dem Unternehmer den Anspruch auf die vereinbarte Vergütung.

Dieser Anspruch ist allerdings begrenzt auf die Differenz zwischen der vereinbarten Vergütung und den infolge der Vertragsaufhebung ersparten Aufwendungen etc.

---

[113] Vgl. Bamberger/Roth/Voit, § 649 Rn. 10.

R muß sich folglich das anrechnen lassen, was er an Aufwendungen erspart hat, d.h. solche Dispositionen, die er zur Ausführung des Vertrages hätte machen müssen, aufgrund der Vertragsaufhebung aber nicht mehr machen muß, z.B. Herstellungs- und Gemeinkosten, Personalkosten.

3. Somit kann R von M aus § 631 Vergütung für die erbrachten Leistungen und aus §§ 631 I i.V.m. § 649 S. 2 Vergütung für die noch nicht erbrachten Leistungen, die allerdings um ersparte Aufwendungen gekürzt wird, verlangen.

4. Der Anspruch des R auf den Werklohn könnte jedoch durch **Aufrechnung** mit dem Gewährleistungsanspruch des M auf Aufwendungsersatz beschränkt sein. Der Sinn der Aufrechnung i.S.d. §§ 387 ff. liegt in der Beschleunigung der Erfüllung der einander geschuldeten Leistungen.

a) Dies setzt das Bestehen einer *Aufrechnungslage* voraus. Die dementsprechend erforderlichen Merkmale[114] (Gegenseitigkeit, Gleichartigkeit, Wirksamkeit und Fälligkeit der Forderungen) liegen unproblematisch vor.

b) Die gem. § 388 erforderliche *Aufrechnungserklärung* ist konkludent im Verlangen des R nach Vergütung gegeben.

c) R hat somit einen Anspruch auf Vergütung gem. §§ 631 I, 649 S. 2 abzüglich etwaiger ersparter Aufwendungen. Dieser Anspruch und der Gewährleistungsanspruch des M auf Aufwendungsersatz für die Selbstvornahme stehen sich aber als Abrechnungsposten gegenüber.

5. Ergebnis: R hat gegen einen M einen Anspruch auf Vergütung aus § 631 I bzw. aus § 631 I i.V.m. § 649 S. 2.

---

[114] Siehe dazu Brox/Walker, Allgemeines Schuldrecht, § 16 Rn. 4 ff.

Fall 13: Nur aus Liebe?

▶ **Thema:** Bürgschaftsrecht; Ehegattenbürgschaft

M betreibt eine kleine Umzugsfirma, die mehr schlecht als recht läuft. Als einer seiner Transporter nicht mehr vom TÜV abgenommen wird, sieht er sich gezwungen, ein neues Fahrzeug zu beschaffen. Über entsprechendes Kapital verfügt M jedoch nicht mehr. Er sucht daher bei der Privatbank B um einen Betriebsmittelkredit in Höhe von € 30.000,- nach. Diese genießt zwar nicht den besten Ruf, ist dafür aber für eine recht großzügige Kreditvergabe bekannt.

Der Leiter der Kreditabteilung der Bank ist grundsätzlich mit einer Darlehensgewährung einverstanden, verlangt aber die Stellung eines Bürgen zur Sicherheit. M weiß sich auf die Schnelle nicht anders zu helfen und ersucht seine Ehefrau F um eine solche Bürgschaft. Die geschäftlich völlig unerfahrene F ist arbeitslos und kann sich als gelernte Pianistin nur mit Gelegenheitsjobs in Kneipen mühsam über Wasser halten. Unter eindringlichem Bitten des M, der die Finanzierung des Transporters als seine letzte Chance und Basis für seine finanzielle Gesundung darstellt, erklärt sich die F aus Liebe zu ihrem Mann bereit, die verlangte Sicherheit zu stellen. Auch ihre letzten Bedenken gegen eine Bürgschaftserklärung weichen während des Beratungsgesprächs in den Räumen der B vollends, als ihr erklärt wird, daß die Bürgschaft doch ohnehin „nur für die Akten" benötigt werde. Nach ihren eigenen Vermögensverhältnissen wird F nicht befragt. Sie gibt schließlich schriftlich eine selbstschuldnerische Bürgschaftserklärung ab, und M bekommt das Darlehen ausgezahlt.

Schon bald stellt sich aber heraus, daß M das Darlehen nicht zum vereinbarten Termin zurückzahlen kann. B hält sich nun an F und verlangt gemäß ihrer Bürgschaftserklärung Rückzahlung des Darlehens. F fällt aus allen Wolken und weigert sich zu zahlen. Sie meint, die Bank müsse sich doch jedenfalls zunächst einmal an M halten und bei diesem versuchen, an ihr Geld zu kommen. Im übrigen sei sie schließlich völlig vermögenslos und könne die gegen sie erhobenen Ansprüche nie erfüllen. Muß F für die Darlehensschuld des M einstehen?

I. Anspruch der B gegen F aus §§ 765 I, 488 I
1. Darlehensvertrag M-B und Bürgschaft der F
2. Einrede der Vorausklage, § 771: - wegen § 773 I Nr. 1
3. Sittenwidrigkeit der Bürgschaft der F, § 138 I
    a. Objektiver Sittenverstoß
        aa. Krasse finanzielle Überforderung der F +
        bb. Strukturelle Unterlegenheit der F +
    b. Subjektiver Sittenverstoß der B +
4. Zwischenergebnis

II. Ergebnis: Anspruch der B -

I. Anspruch der B aus §§ 765 I, 488 I

Der B-Bank könnte gegen die F ein Anspruch auf Zahlung auf die noch offene Darlehensschuld des M aus §§ 765 I, 488 I zustehen.

1. Das Wesen der Bürgschaft besteht in dem Versprechen des Bürgen, für die Verbindlichkeit eines anderen einzustehen (vgl. § 765 I). Es handelt sich somit bei der Bürgschaft um einen Vertrag zwischen dem Bürgen und dem Gläubiger eines Dritten[115], durch den sich der Bürge verpflichtet, auf die Forderung eines anderen zu leisten, wenn dieser seiner Leistungsverpflichtung nicht nachkommt. Die Bürgschaft ist ein Mittel der **Kreditsicherung**: Wer Kredit gewährt, kann sich zum einen durch Rechte an Gegenständen seines Schuldners (**dingliche Sicherheiten**; hierher gehören z.B. Hypothek und Grundschuld sowie Sicherungsübereignung und Pfandrecht) oder zum anderen

---

[115] Zu den vertraglichen Beziehungen im Zusammenhang mit einem Bürgschaftsverhältnis siehe die übersichtliche Darstellung bei Musielak, Grundkurs BGB, Rn. 931 ff. (insb. 933).

auch dadurch sichern, daß weitere Personen neben dem Schuldner selbst mit ihrem Vermögen für die Verbindlichkeit des Schuldners einstehen und so die Haftungsgrundlage für den Gläubiger erweitern (**persönliche Sicherheiten**; hierher gehört die Bürgschaft). Voraussetzung für eine wirksame Bürgschaft ist somit das Vorliegen einer Hauptverbindlichkeit zwischen Gläubiger und Schuldner, deren Erfüllung gesichert werden soll, und ein wirksamer Bürgschaftsvertrag zwischen Gläubiger und Bürge.

Beachte: Gemäß § 765 II kann eine Bürgschaft auch für eine künftige oder bedingte Verbindlichkeit übernommen werden. Es ist also nicht notwendig, daß die Hauptverbindlichkeit immer vor der Bürgschaft entsteht! Eine erst künftige Hauptverbindlichkeit muß bei Begründung der Bürgschaft allerdings bereits bestimmbar sein[116].

a. Vorliegend ist eine Hauptverbindlichkeit in Gestalt der Darlehensschuld des M unproblematisch gegeben: M ist gegenüber der B verpflichtet, das erhaltene Darlehen gemäß den vertraglich getroffenen Vereinbarungen zurückzuführen und Zinsen zu zahlen (§ 488 I 2).

b. Ein Bürgschaftsvertrag kommt zustande, wenn der potentielle Bürge eine entsprechende Bürgschaftserklärung abgibt und der Gläubiger diese annimmt. Dabei ist zu beachten, dass die Erklärung des Bürgen dem Formerfordernis des § 766 I unterfällt, also zu ihrer Wirksamkeit der Schriftform bedarf.

Beachte: Das Schriftformerfordernis, das der Warnung des Bürgen dient, gilt dem klaren Wortlaut des § 766 Satz 1 nach nicht für den gesamten Vertrag, sondern **nur für die Erklärung des Bürgen**; die Annahme des Gläubigers ist nicht formgebunden und auch stillschweigend möglich[117].

---

[116] Dazu näher MünchKomm/Habersack, § 765 Rn. 67, 68 ff.

[117] Palandt/Sprau, § 765 Rn. 5.

Laut Sachverhalt hat die F eine schriftliche, auf die Darlehensverbindlichkeit ihres Mannes bezogene Bürgschaftserklärung abgegeben; zwischen ihr und der Bank B ist somit zunächst ein Bürgschaftsvertrag zustande gekommen.

2. Dem Sachverhalt zufolge wendet die F gegen das Zahlungsbegehren der B-Bank ein, diese müsse sich zunächst einmal an ihren Mann halten. Übersetzt in die Terminologie des Bürgschaftsrechts erhebt sie damit die sog. **Einrede der Vorausklage**[118]. Sie hat ihre Grundlage in § 771 und gibt dem Bürgen das Recht, seine Zahlung so lange zu verweigern, bis der Gläubiger erfolglos eine Zwangsvollstreckung gegen den Hauptschuldner versucht hat, bis also feststeht, daß bei diesem „nichts zu holen" ist. Die Bürgschaft erweist sich damit dem gesetzlichen Leitbild nach als **subsidiär** zur Hauptverbindlichkeit: An erster Stelle steht deren Erfüllung bzw. Durchsetzung, erst an zweiter Stelle soll im Falle der Nichterfüllung der Hauptverbindlichkeit die Bürgschaft zum Tragen kommen.

Natürlich stellt es für den Gläubiger eine nicht unbeträchtliche Verzögerung dar, gegen den Hauptschuldner zunächst die Zwangsvollstreckung zu betreiben; er wird daher ein Interesse daran haben, den Bürgen sofort in Anspruch zu nehmen, wenn der Hauptschuldner seinen Verbindlichkeiten nicht (mehr) nachkommt. Dem trägt das Gesetz durch die Abdingbarkeit der Einrede der Vorausklage Rechnung: In § 773 I Nr. 1 ist bestimmt, daß die Einrede der Vorausklage ausgeschlossen ist, wenn der Bürge auf sie verzichtet hat. Dies ist immer der Fall, wenn sich der Bürge **selbstschuldnerisch** verbürgt.

---

[118] Dazu Musielak, Grundkurs BGB, Rn. 941.

> **Merke:** Eine selbstschuldnerische Bürgschaft ist also eine solche, bei der der Bürge auf die Einrede der Vorausklage verzichtet hat[119]. In der Praxis verlangen namentlich Banken ausnahmslos selbstschuldnerische Bürgschaften.

Dem Sachverhalt ist zu entnehmen, daß die F gegenüber der B-Bank eine selbstschuldnerische Bürgschaftserklärung abgegeben hat. Gemäß § 773 I Nr. 1 kann sie sich daher nicht mehr erfolgreich auf die Einrede der Vorausklage berufen.

3. Fraglich ist, wie es sich auswirkt, daß die F laut Sachverhalt über kein regelmäßiges Einkommen verfügt und daher nicht in der Lage ist, die gegen sie gerichteten Ansprüche zu erfüllen. Denn dies könnte zu einer Unwirksamkeit ihrer Bürgschaftserklärung führen.

Da das Zivilrecht vom Grundsatz der Privatautonomie geprägt ist, könnte man sich zunächst auf den Standpunkt stellen, daß eine finanzielle Überforderung des Bürgen unbeachtlich sein muß, da es dessen eigene und freie Entscheidung war, sich durch eine Bürgschaft zu verpflichten. Diese Entscheidung kann er bei Eintritt seiner Zahlungspflicht nicht einfach ungeschehen machen, wie ja auch in anderen Fällen ein Vertrag seine Gültigkeit nicht allein deswegen verliert, weil er sich als nachteilig für einen Vertragspartner darstellt.

In die geschilderte Richtung hat der Bundesgerichtshof in der Tat zunächst argumentiert und ausgeführt, die Freiheit der Vertragsgestaltung umfasse für jeden voll Geschäftsfähigen auch die Rechtsmacht, Verpflichtungen zu übernehmen, die nur unter besonders günstigen Bedingungen erfüllbar seien; der Gläubiger könne hingegen davon ausgehen, daß der Bürge sich über die Tragweite seines

---

[119] Vgl. Palandt/Sprau, § 773 Rn. 2.

Handelns im klaren ist und das ihn treffende Risiko abschätzt[120].

Dieser Sichtweise hat jedoch inzwischen das Bundesverfassungsgericht zumindest für die Fälle von aussichtslosen Bürgschaften naher Familienangehöriger den Boden weitgehend entzogen. Nach einer Grundsatzentscheidung aus dem Jahr 1993 soll die in Art. 2 I GG gewährleistete Privatautonomie es in Verbindung mit dem Sozialstaatsprinzip (Art. 20 I, 28 I GG) gerade gebieten, solche Verträge, die einen Vertragspartner ungewöhnlich stark belasten und das Ergebnis strukturell ungleicher Verhandlungsstärke sind, einer Inhaltskontrolle zu unterwerfen[121]. Als deren Maßstab kommen die zivilrechtlichen Generalklauseln, für Bürgschaften insbesondere § 138 I in Betracht.

Beachte: Auf den nur einseitig verpflichtenden Bürgschaftsvertrag ist § 138 II nicht anwendbar[122].

Im Gefolge dieser Entscheidung haben die Zivilgerichte inzwischen Kriterien für die Beurteilung der Frage aufgestellt, wann die Bürgschaft eines nahen Angehörigen nach § 138 I sittenwidrig und daher nichtig sein kann.

Diese Kriterien lassen sich unter Berücksichtigung des in objektiven und subjektiven Sittenverstoß zerfallenden Prüfungsschemas für § 138 I wie folgt zusammenfassen[123]:

---

[120] BGHZ 106, 469 (= NJW 1989, 830); BGHZ 107, 92 (= NJW 1989, 1276); vgl. dazu auch Musielak, Examenskurs BGB, Rn. 391.

[121] BVerfGE 89, 214.

[122] BGH NJW 2001, 2466 (2467); Oetker/Maultzsch, Vertragliche Schuldverhältnisse, S. 657 Fn. 113.

[123] Siehe auch Braukmann/Schieder/Wendorf, Grundlagen des Zivilrechts (Karteikarten), Karte 32.

a. Objektiver Sittenverstoß:

aa. *Krasse finanzielle Überforderung des Bürgen:* Eine solche liegt nach der Rechtsprechung des BGH dann vor, wenn der Bürge auf absehbare Zeit nicht einmal in der Lage ist, die Zinslast für die Hauptschuld zu tragen[124]. Sofern früher diskutiert wurde, inwiefern der IX. Zivilsenat des BGH hier einen anderen Maßstab anlegen wollte, ist dem durch die ausdrückliche Klarstellung des Senats in seiner Entscheidung vom 27.01.2000[125] der Boden eindeutig entzogen. Die Behauptung, über die Konkretisierung des Kriteriums der krassen Überforderung bestehe Streit zwischen verschiedenen Zivilsenaten des BGH, ist also nicht (mehr) richtig.

In der Klausur ist es natürlich nicht erforderlich, die konkrete Zinslast zu berechnen (dafür fehlen meist auch konkrete Angaben), sondern es reicht allemal aus, sich als Prüfungspunkt die „krasse finanzielle Überforderung" einzuprägen und den Einzelfall daran unvoreingenommen zu überprüfen. In der Regel sind Klausursachverhalte insofern auf ein eindeutiges Ergebnis angelegt.

bb. *Strukturelle Unterlegenheit des Bürgen:* Eine solche kann sich aus verschiedenen Umständen ergeben. In Betracht kommen insbesondere emotionale Verbundenheit, wirtschaftliche Sinnlosigkeit, Verharmlosung des Risikos durch den Gläubiger, Ausnutzen geschäftlicher Unerfahrenheit, Überrumpelung. Nach der neueren Rechtsprechung des BGH soll die strukturelle Unterlegenheit des Bürgen grundsätzlich bereits zu vermuten sein, wenn eine krasse finanzielle Überforderung zu bejahen ist[126].

---

[124] BGH NJW 1999, 2584 (2586); BGH NJW 2005, 973; Palandt/Heinrichs, § 138 Rn. 38b.
[125] BGH (IX. Zivilsenat) NJW 2000, 1182; siehe zur Aufgabe der „25%-Berechnung" durch den IX. Zivilsenat auch Jauernig/Stadler, § 765 Rn. 6.
[126] BGH NJW 1999, 58; BGH NJW 2001, 2466 (2467).

b. Subjektiver Sittenverstoß:

Für das subjektive Element des Sittenverstoßes ist zu verlangen, daß der Gläubiger von der finanziellen Überforderung des Bürgen weiß. Insofern ist jedoch keine positive Kenntnis zu verlangen, sondern es reicht bereits grob fahrlässige Unkenntnis („Kennenmüssen") aus[127]. Grob fahrlässige Unkenntnis liegt insbesondere dann vor, wenn sich der Gläubiger nicht nach den Vermögensverhältnissen des Bürgen erkundigt hat.

Vorliegend sieht sich die vermögens- und einkommenslose F einer Hauptforderung der Bank in Höhe von etwa € 30.000,- ausgesetzt; hinzukommen die Zinsforderungen. Eine krasse finanzielle Überforderung kann daher unproblematisch angenommen werden. Auch ist die strukturelle Unterlegenheit der F aus gleich mehreren Gesichtspunkten heraus zu bejahen: Laut Sachverhalt ist die F geschäftlich völlig unerfahren und handelte lediglich aus Liebe und damit aus emotionaler Verbundenheit zu ihrem Ehemann. Zudem hat der zuständige Mitarbeiter der Gläubigerbank ihr gegenüber das Risiko der Bürgschaft verharmlost, indem er diese als lediglich für die Akten nötige „Formsache" abgetan hat. Insgesamt liegt somit ein objektiver Sittenverstoß vor.

In subjektiver Hinsicht hat die Bank es laut Sachverhalt versäumt, sich nach den Vermögensverhältnissen der F zu erkundigen, so daß ihr der Vorwurf des Kennenmüssens der Vermögenslosigkeit der F zu machen ist und ihr daher auch ein subjektiver Sittenverstoß zur Last fällt.

4. Die Überprüfung des vorliegenden Falles anhand des Maßstabes des § 138 I führt somit eindeutig zu einer Sittenwidrigkeit der Bürgschaft der S und damit zu deren Nichtigkeit.

---

[127] Jauernig/Stadler, § 765 Rn. 6.

120

II. Ergebnis

Im Ergebnis steht der Bank daher infolge Nichtigkeit des Bürgschaftsvertrages kein Anspruch gegen die F zu.

Ergänzender Hinweis: Problematisch ist die Frage, ob und unter welchen Umständen eine nach den dargestellten Kriterien an sich sittenwidrige Bürgschaft eventuell doch gerechtfertigt und daher wirksam sein kann. Insofern werden Fälle realistischer Erwerbserwartungen des Bürgen oder der Vermögensverschiebung vom Hauptschuldner auf den Bürgen diskutiert sowie solche Fälle, in denen der Bürge von der durch seine Bürgschaft ermöglichten Kreditgewährung an den Hauptschuldner selbst wirtschaftlich profitiert. Dies kann hier jedoch nicht weiter vertieft werden[128].

Hinweis zum Aufbau: Selbstverständlich hätte hier (entsprechend dem üblichen Prüfschema „Anspruch entstanden – Anspruch untergegangen – Anspruch durchsetzbar") die Nichtigkeit der Bürgschaft der F nach § 138 I schon an zweiter Stelle thematisiert werden können; auf die Frage nach der Möglichkeit der F, die Einrede der Vorausklage zu erheben, wäre es dann gar nicht mehr angekommen. Der hier gewählte Aufbau ergibt sich jedoch aus didaktischen Gesichtspunkten und verfolgt das Ziel, Sie mit der Einrede der Vorausklage vertraut zu machen.

---

[128] Vgl. insofern Darstellung und Nachweise bei Oetker/Maultzsch, Vertragliche Schuldverhältnisse, S. 659 f.; siehe auch Palandt/Heinrichs, § 138 Rn. 38c; MünchKomm/Armbrüster, § 138 Rn. 92.